甲子園だけが高校野球ではない

ここで負けてしまって
ごめんな

監修
岩崎 夏海
Natsumi Iwasaki

廣済堂出版

はじめに「怒られるということ」

あなたには、友だちがいるでしょうか?

それは、家族でも、親戚でも、恋人でもない。要は、血のつながりも、戸籍上の関係も、恋愛感情もない。

そういう人が、あなたの人生を変えることって、あるのではないでしょうか。血のつながりも、戸籍上のつながりも、恋愛感情もないのに、あなたの人生に大きくかかわってくる人。その人がいなかったら、まったく違う人生になっていたという人。そういう人が、いるのではないでしょうか。


ぼくにも、そういう人がいました。その人は、「友だち」というよりは「先輩」でした。いっしょの仕事をしていて、その人のアシスタントをしながら、いろんなことを学ばせてもらいました。

今でも思い出すのは、その人から何度も怒られたことです。とくに、ぼくはできの悪い後輩でしたので、人一倍怒られました。

あまりにも怒られすぎて、ときにはその人のことをうらんだりもしました。その人にいじめられていると思って、離れようと考えたこともありました。

でも、やがてその先輩は病気で死んでしまいました。死んでしまったことはショックでしたし、まだ若かったので、残念という気持ちもありました。

ただ、その先輩はどこか生き急いでいるところがあったので、若くして死んだことには、変に納得するところもありました。その先輩は、ぼく以外にも多くの人から慕われていたので、きっとその人たちのほうがつらいだろうなと思って、ぼく自身は複雑な気持ちでいました。残念だったのは、いつまでもできの悪い後輩のままだったので、ひとつも恩返しができなかったことでした。

ところが、その先輩が死んでしまったあとに、ある人からこんなふうにいわれました。

「あいつがいちばんかわいがっていたのは、お前だったからな」

それでぼくは、おどろいてこういいました。

「そんなことはありません。ぼくはできの悪い後輩で、いつも怒られてばかりいたので、かわいがられてなどいません。かわいがられていた後輩なら、他にいくらでもいます」

するとその人は、苦笑いのような表情になって、こういいました。

「だからおまえは、バカなんだ。いいか、『怒る』というのは、じつは何よりも大変なことなんだぞ。とても疲れることなんだ。そんなことができるのは、何よりかわいがっていた証拠じゃないか」

それで、ぼくはそこで初めて気がついたのです。怒られるということの、本当の意味を。


あなたには、そういう人がいるでしょうか？

血のつながりも、戸籍上の関係も、恋愛感情もないのに、真剣に怒ってくれる人。

ぼくは、今ではそういう人こそが、本当の友だちなのだと考えるようになりました。

そして、その人には本当に申し訳なかったのですが、怒ってくれたことを、何より有

難《むずか》しいと思うようになったのです。

岩崎夏海

目次

はじめに —— 2

Story 1 グラウンドをなくして —— 10
専用のグラウンドをなくし、後輩も入らないまま試行錯誤する

Story 2 母を探して —— 29
いなくなったお母さんと会うために野球を続ける

Story 3 巻き戻せるものなら —— 44
女子マネージャーとなるが、震災でメンバーがバラバラになってしまう

Story 4 今日は代えないよ —— 59
沖縄でナイスピッチングをして家に帰ったら

Story 5 兄弟のために —— 73
野球をはじめてからお兄ちゃんにきつく当たられるようになったが

Story 6 グローブよ、ありがとう　87
右手のハンデを背負いながらもグローブに工夫をして

Story 7 もう一度　101
強豪校に入学したものの、上級生と合わなくて野球がイヤになる

Story 8 オヤジを乗り越えるために　114
甲子園のヒーローだった父の息子として生きる

Story 9 悪いことがあったあとには　128
一年間対外試合禁止処分を受けるが、処分軽減のためにがんばる

Story 10 野球部を見ていきませんか？　142
小中学生で野球をやっていなかったがマネージャーとして日本一をめざす

Story 11 いつもあと一歩　163
もう少しのところで、なかなかベンチにすら入れない

Story 12 背番号「1」 174
強豪校のエースになり、甲子園出場をかけていよいよ決勝戦を迎える

Story 13 農園係 188
中学時代はグラウンド脇での農作業をするのがやっとだったが

Story 14 あきらめない 195
女子マネージャーとなるが、その野球部は部員一人、マネージャー一人だった

Story 15 代打の切り札になりたい 212
甲子園がかかった試合で、代打として泣きながら打席に立つ

Story 16 運命 226
チームのキャプテンとして活躍していたが、まさかのケガをしてしまう

Story 17 文武両道をめざして 242
進学校の限られた練習時間で、監督として甲子園出場を狙う

Story 1

グラウンドをなくして

――専用のグラウンドをなくし、後輩も入らないまま試行錯誤する

ひとめぼれだった。

中学三年生の八月に、その高校の野球部の練習を見に行ったときから、「絶対にここで野球がやりたい」と思った。

先輩たちは、グラウンドのなかで、とてもイキイキと野球をしていた。

ただ単に練習メニューをこなすのではなく、一人ひとりが練習をいかによいものにしようかと考えながら動いていることが、よく伝わってきた。

ここは、家族のようなチームだ。

そして四月、念願かなってこのチームの野球部員となれた。

とても頼りがいのある先輩たちの後ろについて、ぼくたち一年生は、とても充実していた。

このまま、先輩たちとみんなで甲子園をめざす！

だけど、ぼくたちの練習環境は一変した。

高校一年の三月、関西遠征を終えて、学校のグラウンドにバスで帰ってきたときのこと。

目を疑った。

作業服を着た人たちが、グラウンドに張ってあったネットを取り外して、トラックへ詰め込んでいた。

自分たちのグラウンドは本当になくなってしまうんだ！

その様子を目の当《ま》たりにして、初めて悲しさがこみ上げてきた。

じつは、関西遠征に行く少し前に、監督はぼくたちを集めていった。

「地主から返還要請があり、野球部のグラウンドを三月までに返さなくてはいけなくなった」と。

学校や大人の事情だから、と理解していたつもりだったけど、やっぱり、思い出が詰まったこのグラウンドがなくなってしまうと思うと、悲しくてせつない。

翌日、練習は休みの日だった。

それでも、グラウンドが使える最後の日だったから、「最後にみんなでノックをしよう」と部員たちだけで集まった。

キャッチボールもしてノックもして、その後はグラウンドを歩いてまわりながら、たくさん写真を撮った。

カメラに写していると、ここでいっぱい走り、先輩といっしょに野球をした思い出が浮かんできた。

何よりショックだったのは、練習後にみんなと話したり、お弁当を食べていた部室までなくなってしまうことだった。

もう明日から、みんなと集まれる場所がない。

それでも、そんな状況であっても、先輩たちの最後の夏まであと三カ月。

落ち込んでいる時間はなかった。

監督は話した。

「グラウンドはなくなってしまったけど、環境に負けるなよ。逆境を力に変えるチームになってほしい」

それからは、学校の近くにある川沿いの野球場や地域の球場など、毎日場所を転々としながら練習を続けた。

でも、たいてい、それらは土のコンディションがあまりよくなかったから、ノックもできないし、実戦形式の練習やバッティングもできなかった。

だから、学校のテニスコートの裏にあるスペースで、ボールを転がして取ったり、ティーを打ったりと、限られた練習だけをくり返した。

新入生が仮入部に来る四月になったけれど、この年は野球部に新入部員は入らなかった。

ぼくたちには後輩はできないんだ――。

それは、事実上、この学校の野球部の最後の部員が「ぼくたちである」ということでもあった。この代で廃部なのだ。

その後も練習場所を毎日変えながら、野球部のバスに乗って近くのグラウンドに向かい、全体練習が終わって学校に戻ってからは、そこで必ず一時間トレーニングをして、遅いときは夜一〇時まで練習を続けた。

ぼくは先輩たちが大好きだった。

三年生は、いつだってまわりにエネルギーを与えられるような存在だった。常にチームのことを考えて後輩に接してくれたから、グラウンドがなくなっても、チームの雰囲気はこわれることなく、みんなで前を向いて野球に取り組むことができた。

そんな先輩たちのためにも、セカンドを任されたぼくは、最後の夏は勝ちたかったけど、二回戦で負けてしまった。

試合が終わったあと、先輩キャプテンが泣いているのを見た。

急に、グラウンドがなくなったときのことを思い出した。

夏の大会前に環境が変わってしまった三年生は、ぼくらが思う以上に本当につらかっただろうな……。

先輩たちのためにも、絶対に自分たちの代で、甲子園めざしてがんばるんだ。

だけど、正直、不安なことが多かった。

むしろ、新チームになってからは不安しかない。

ぼくらの代は部員一七人。

後輩たちもいない。グラウンドもない。

先輩たちは、もういない。

みんな、自分のことしか考えられなくて、まわりを見る余裕がなくなっていた。

夏休み中の練習も、帰るときには道具を出しっぱなしで帰ったり、合宿中の食事では、監督や目上の方たちの食事の準備をするのを忘れていたり。あいさつをするタイミングも悪かったり。

とにかく毎日、毎日、野球のことではなくて、それ以外のことで怒られ続けた。

自分たち、一体ここで何してるんだろう？

このままでは、俺たち、センバツや甲子園を狙うどころか、まるっきり勝てないいんじゃないいか――。

グラウンドがあったらなとか、後輩がいたらなとか、そういうことばっかり思っている自分たちがいた。


けれど、よくよく考えたら、そうなってしまったのも今までずっと先輩たちに頼りすぎていたからだった。いざ三年生がいなくなってそれがハッキリわかった。

入学する前に見たこのチームのよさをぼくらの代ですべて消していた。声も出さなくなって、野球の話もせず、活気もなくなって、チームとして死んでいるようだった。

みんなが危機感を抱きはじめていた。

それで、まずは会話を増やすためにも、ぼくたちはバスの移動時間が多かったから、その時間を有効に使おうと決めて、バスでは野球の話を常にするようにした。

キャプテンが中心となってミーティングをして、試合に行く前には、サインの確認から、何のためにこのサインプレーをやるのかまで話し合った。

試合後は、試合の前にみんなで決めたテーマを達成できたかどうかのふり返りや、その日に実際にあったプレーのなかのささいな疑問などを発言し合って、みんなで解決していった。

秋の大会は、地区予選を勝ち抜くも県大会初戦で完封負けしてしまったけど、このころからぼくたちは大きく変わっていった。

練習メニューも、監督ではなく、一人ひとりがその日のメニューを考えて、バスでそれを発表して、最終的にそれをひとつにまとめて、「今日はこの練習をしよう!」と決めていく。

グラウンドがなくても、最高の練習ができるようにという思いを全員がもちはじめた。

監督からすると、「今日のこの時期にこの練習メニューは違うだろ」というときもあったみたいだった。でもそれをあえて口にせずに、練習が終わってから、「一七人もいて、一人もそれに気づけないのはお前たちの弱さだ」と指摘してくれた。

そんなくり返しのなかで、だんだんと効率的なやり方もわかってきた。

冬場は地元の野球場は使えなくて、練習場所がさらに限られていった。

学校の第二駐車場にネットをもっていって、足元の砂利をならしてから、ティー打ちをしたり、キャッチボールもそこでした。

それから、近くの神社の階段を三時間くらい走るときもあったし、学校のなかで空いている部屋を見つけては、そこでプラスティックのボールを使ってティー打ちをしたり、体育館が空いていれば、守備のサインプレーの確認もする。

ただ、実戦練習はまったくできなかったから、三月に入って練習試合がはじまったときに、実戦の感覚がダメかな？　と心配したけど、意外に大丈夫だったんだ。

最初の練習試合でボロ負けするかと恐れたが、引き分けで終わった。

でも監督は、「お前らの弱さがまだ出てる。最終回まで勝っていても一点取られて引き分けで終わり。お前らはまだまだだ！」と。

監督は、グラウンドがないことで同情するようなことは一度もいわなかった。

ぼくたちも、この環境に負けたくないって思うようになっていた。

春の大会では、「熱く、明るく、魂こめて」をチームのテーマにした。

これまではそんなことはなかったのに、今回は珍しく、監督自身が大会でのスローガンを定めてくれたんだ。

ぼくたちも、このころはベンチ力だけはどこにも負けないくらい自信があったから、春の大会では、ベンチ一体となって戦った。

まずは、地区予選を勝ち抜いて、県大会出場を決めると、初戦から接戦となる。

そして、三対四と一点差で迎えた九回裏。

先頭打者がヒットで出ると、次の打者もヒットで続いて、一アウト満塁になった。

ここでぼくに打席が回ってきて、監督からのサインは「スクイズ」。

この場面でフライを上げたら、ゲッツーを取られて、試合終了になってしまう。

ぼくは、バッティングが得意ではなくて、これまでずっと、バントやスクイズの練習を続けてきた。

だから、いつもの練習通りやれば、大丈夫。

その通り、スクイズを決めて、同点となった。

続く、次の打者がレフト前にヒットを放って、ホームにランナーが帰ってきた。

ぼくたちは、五対四のサヨナラで、初戦を突破！

この試合、印象に残ったのは、最終回の攻撃がきれいなヒットではなくて、しぶといヒットでみんなで、つないで、つないで、全員で点を取ったこと。それに、その前の回では、一アウト一、二塁のピンチの場面があって、ここをぼくたちはサインプレーで、相手打者のバントした打球をすかさずサードに送ってランナーを刺して、ピンチをしのいだ。

ぼくたちは実戦練習ができないぶん、グラウンドが使えるときはこういったサインプレーの練習をくり返してきた。

このプレーは、今までの練習の成果が、大事な場面で発揮されたということじゃないかなって。

二回戦では、ぼくたちの学校のすぐ近くにあるチームとの対戦となった。

この学校の先生たちは、ときどきグラウンドを貸してくれて、ぼくたちにバッティング練習もさせてくれた。

まわりからは、ライバルのチームにグラウンドを貸していいのか？　と心配されたこともあったそうだけど、ぼくたちのチームが今は苦しいときだからって助けてくれて、本当にありがたい。

そのチームとの試合に、二対〇で勝ち、さらに準々決勝でも完封勝ち。

そして、ついに、県大会ベスト4入り！

対戦相手には、一〇〇人くらい部員がいる大所帯チームもいたのに、わずか一七人でも勝ち続けたということはうれしかった。

これは、学校としても、野球部創部初の快挙だったんだ。


その後の準決勝では敗れて、その上に進むことはできなかったけど、熱く明るく魂こめてプレーした結果、得たものは大きかった。

大会後は、ぼくたちの状況を知った人たちが、通学途中に、「応援してるよ！」と声をかけてくれることもあった。自分たちのがんばりで、まわりの人に少しでも勇気をもってもらえたと思うとなんだかうれしい。

数カ月前、新チームスタート時には、監督に、「お前ら、甲子園は無理だ。あきらめろ」「そんなんじゃ無理だ！　本当にできるのか？」と毎回いわれていた。そのたびに一時間くらい話し合って、「本当にできるのか？」「できます！」のくり返しで、「まだ変われてない！」といわれて。そのなかで、春の関西遠征で少し自信をつけて、春の大会でもっと自信をつけて、ぼくもみんなも、本当に変わってきたなって思った。

きっと監督も、昨秋よりも粘り強さが出たぼくたちに、少なからずそういうふうに感じてくれたんだと思う。

夏の大会前にこんな話をしてくれた。

「この学校のOBの方たちの思いを背負って、最後は戦おう」

これまで、監督は、ぼくたちにプレッシャーを背負わせないほうがいいと、そんなことを一度もいったことはなかった。だけど、人の思いを背負えるような器の大きい大人になってほしいという思いをこめて、あえてそういう話をしてくれたそうだ。

「今までの感謝を背負って戦おう。とにかく必死に。負けてもエラーしても、このチームらしく。それさえやってくれれば、OBの方たちもうれしいと思う。一塁までダッシュしないようなプレーはだれも望んでいないから。泥臭く、このチームらしく」

それから、「最後まで笑顔で」と。

学校の野球部としても一区切りとなる最後の夏の大会。順調に勝ち進み、三回戦では、勢いにのって勝ち上がってきた公立校が相手だった。

試合は、両チーム無得点で迎えた三回。一アウト満塁の場面で、ぼくに打席がまわってきて、絶対スクイズのサインが出るって思ったら、予想外に「打て」のサインだった。バッティングに自信がないのに、打っていいのか？　と思いながら、ここは開き直って、バットをふりきったらそれがヒットになった。

公式戦で初めて打ったタイムリーヒット。

やったー！

でも、その後も苦しい戦いは続き、結局、四対九で負けた。

エースが最後の打席に立ったとき、涙を流しているのがわかった。

あいつなんで泣いてんだよ。
本当に終わっちゃうのかなって、不思議な気持ちだった。
試合が終わって、整列のあいさつをして下を向いたときに、急に涙が出てきた。
これまでのことがいろいろよみがえってきた。
新チームになってから苦しかった。
グラウンドなくなってつらかった。
あと、もっと野球やりたかったなって。

この一七人で、もっと野球やりたかった。
OBの方たちに、まだまだぼくたちの野球を見てほしかったな。

「最後まで笑顔で」を合言葉にしていたのに、みんな泣いていた。
涙は流してしまったけど、これまで先輩たちが築いてくれたこの学校の野球部らしいプレーで、熱く明るく魂こめて、最後まで戦い抜くことはできた。

球場を出てから、監督は、「勝たせてやれなくて、ごめん。全部おれの責任だ」と。

「みんなつらかったと思うが、これからの人生で生きてくることがある。グラウンドがないのを言い訳にしてほしくなかった。将来大人になってからも、何かを言い訳にするような生き方をしてほしくなかった」


監督は、よく「野球だけじゃなくて、人間として、男として」という言葉を使っていて、ぼくたちはそんな監督のことをずっと、かっこいい大人だって思っていた。人間として尊敬できる。


そんな監督と出会えたことが、ぼくの人生のなかでとても大きい。

それから、この一七人の最高の仲間に出会えたこともそうだ。

一〇〇人いるチームよりも、練習環境が整ったチームよりも、ぼくたちはハンディを背負ったことで確かに強くなった。

何よりグラウンドがなくなっても、監督がぼくたちといっしょになって下を向かず、今まで以上に厳しく接してくれたのがよかった。

監督に少しでもやさしい言葉をかけられていたら、ぼくたちはずっと弱いままだった。先輩たちについてまわって、何も考えて動けないままのぼくたちだった。

だからこそ、これからも、監督の言葉を大事にしたい。

「ハンディを言い訳にするような人間や大人になるな。器の大きい大人になれ」

逆境を力に変えられる。

そんなかっこいい大人になりたい。

ここには、とても重要なことが書かれている。というのは、こういう話は、これからもっと増えていくからだ。これは、日本という国全体の問題になっていく。

なぜかというと、今、日本は人口が減っている。とくに、子どもの数が減っている。だから、これからどんどん学校の数も減っていくだろう。

その意味で、日本はこれから国全体が「逆風」に向かうといえる。それは、前の世紀のように子どもが増え、学校が増え、人口も増えていった「順風」の時代とは、まったく逆になるということだ。

しかし、人はそういうなかでも生きていかなければならない。そして、そういうなかでも明るく生きる方法はある。

ヨットというのは、たとえ逆風でも、前に進むことができるという。その逆風をうまく利用すれば、前進する力に変えることができるのだ。

この話の主人公は、まるで逆風のヨットだ。逆境を利用して、明るく前に進んでいる。

Story 2

母を探して

――いなくなったお母さんと会うために野球を続ける

今でもハッキリ覚えている。

幼稚園の年長のとき、幼稚園のバスで家に帰り、「ただいまー！」と入っていったけど、いつもの「おかえりー！」の声がなかった。

なんだかヒンヤリした空気のなか、「お母さん！」「お母さん！」と母を探してみたのに……お母さんはいなかった。

同居していたおばあちゃんに「お母さんがいないんだ」と伝えると、おばあちゃんも、そこにいたお父さんも「どっか行ったんでしょう」「帰ってくるだろう」と。

でも、お母さんは、帰ってはこなかった。

お母さんに何があったのかは、ぼくにはまったくわからない。

二つ年下の弟が「お母さんは?」と聞いてきたけれど、「わからない」とぼくがいうと、当時三歳だった弟も何かを察したのか、それから何も聞かなくなった。

ぼくも、お父さんやおばあちゃんに何も聞かない。

いや、聞けない。

お父さんやおばあちゃんも、お母さんの話は一切してこない。家のなかで「お母さん」という言葉はまったく出てこなくなった。

それから、家のことはおばあちゃんがすべてやってくれるようになった。朝ごはんも、お弁当も、夕ごはんも、掃除も洗濯も、いろんな準備も。生活面での不自由はなかったような気がするけど、さびしかった。

お母さんはどこに行ったんだろう……。

小学校では、授業参観や運動会が嫌いだった。

みんなお母さんが来ているなか、うちはお父さんかおばあちゃんが来る。「来ないで！」といったけれど、それでも来て、みんなに「お母さんは？」と聞かれてしまう。ぼくは、平然とした顔をして「いなくなっちゃったんだ」と答えていた。

授業で、〝お母さんに手紙を書く〟というやつがあって困ってしまったので、手をあげて担任の先生に「先生！　お母さん、幼稚園のときにいなくなっちゃったんです。だから先生にお手紙書いてもいいですか？」といった。

母がいなくなってからだいぶ経っていたから、ぼくはもう全然大丈夫だったのに、それを聞いた先生が泣いてしまって大変だった、なんてこともあった。

そのころ、父から野球のグローブを手渡された。「お前、野球やるか！」「はい！」。父はすごく怖い人だったからとっさに返事をしてしまったけれど、野球なんて本当はやりたくなかった。

でも、父はかつて名門高校で甲子園の土を踏んでいる。ぼくにも甲子園に行かせようと、またプロ野球選手にさせようと、毎日練習をさせるようになった。
それはハンパな練習ではなかった。自営業の父は、ぼくが学校から帰ってくるのを待ち構えていて、午後二時ごろから七時くらいまで永遠にバットをふらせるんだ。うまくできないと、ボールが飛んでくる……超スパルタ。友だちと遊んだ記憶がないほど毎日野球漬けでの日々。弟も小学生になっていっしょにやらされた。

そんなある朝、突然、父に「甲子園に行くぞ！」と連れていかれた。父の母校が春のセンバツ甲子園の決勝に進んだからだった。
スタンドにはたくさんの人がいて、みんなが大声援を送るなか、父の母校は甲子園で優勝した。

そこで思ったこと……。

甲子園に出たい。そうしたら、これだけ多くの人がスタンドで見てるんだ、テレビを通じて大勢の人が見てるんだ。

いなくなってしまったお母さんが、ぼくを見つけてくれるかもしれない！

ぼくに気づいてくれるかもしれない！

甲子園から戻ると、今まで無理やりやらされていた野球を、自ら進んでやるようになった。中学では全国屈指の強豪シニアに入り、体は大きくなかったけれど、レギュラーになって活躍した。三年春の全国大会では三位、夏の全国大会で日本一にもなった。父の母校からも声はかけてもらったが、中一のときから声をかけてくれていた県外の高校に進学することを決めた。

シニアの監督からは「せっかくお前のオヤジさんの高校から誘ってもらってるんだからそっちに行けよ」ともいわれたが、父は「後悔しないように自分で決めろ」と。

それに、地元は激戦区すぎて甲子園に出られるかわからない。それならば、ライバル校の少ない地区にある強豪高校に進んだほうが甲子園に出られる確率が高い。

甲子園に絶対に行きたかったから、県外の強豪高校にしたんだ。

その高校の野球部は厳しくて有名で、それなりに大変だったとはいえ、小さいころからオヤジのスパルタで練習してきたから、そんなに苦しいものではなかった。

ただ、試合のときなど、みんなのお母さんが応援に来たり差し入れを持ってきてくれたりするけれど、ぼくはいないから……。それがイヤなのではなくて、そこに同情されたり気を遣われるのがすごくイヤだった。母がいないことは全然平気だったけど、変に気を遣われると、逆にとても傷つくんだ。

その点、高校の監督さんは、ぼくを何の特別扱いもせず、普通に厳しく接してくれた。それがすごくやりやすかったし、その厳しさに応えてやろうって思えた。

二年になったとき、かわいがっていた後輩のオヤジさんが急逝《きゅうせい》した。小さいころから二人三脚で練習してきたというオヤジさんを亡くし、彼はすごくショックを受けていたけれど、それでも練習を超がんばってる。それを見て、衝撃を受けた。ぼくはお母さんと離ればなれになっているとはいえ、どこかで生きているはずだ。

きっと会える。

だから、もっとがんばらなくては。

そうして迎えた二年夏、ぼくらの高校は県大会決勝まで進んだ。ぼくはバッティングが絶好調で、そこまで六割近い打率を残し、ノリにノっていた。そんななかでの決勝戦。相手はプロ注目のピッチャーだったが、初回、ランナーをおいてまわってきた打席で、ライトに先制二ランを打ったんだ。あのときは体がふるえた。

試合は四対〇で勝ち、甲子園出場を決めた。

試合後、記者たちにこういった。「ぼくにはお母さんがいないんですけど、甲子園で活躍することで見つかればいいなって思ってます」。県内の新聞で取り上げてくれたものの、お母さんはきっとこの県にはいない……甲子園に出て活躍しなければ！

でも、甲子園ではあっさり負けた。初戦敗退。

それから一年後の三年夏、今度は予選で気負いすぎてしまったのか、一本もヒットを打てず……仲間の力で甲子園へ。甲子園ではまた初戦で敗退してしまった。

ぼくの高校野球の終わり……。

甲子園に出たにもかかわらず、お母さんは現れなかった。甲子園の宿舎で、甲子園の出口で、お母さんがぼくを待っていてくれるんじゃないかなんて思っていたけれど、そんな夢のような話があるわけないよな。

甲子園に行ってもダメならば……プロ野球選手になろう。

そうしたらきっと、お母さんと会えるはずだ！

そんな強い志のもと、ぼくは大学でもレギュラーとして活躍することができた。

一時期、試合に出られないこともあったけど、「プロになってお母さんに会う」という目標があったからこそ、はい上がることができた。仲間に恵まれたこともあり、四年間で春秋通算五度のリーグ優勝、五度の日本一。


何度も何度も神宮で試合をするうちに、気になっていることがあった。それは、ぼくらのベンチの上のあたりで、毎試合見ている女性がいることだ。

試合が終わればスッと帰っていくけど、いつも同じ場所で見ていたから、みんななんとなく気になっていた。トレーナーさんは、「だれかの親じゃないの？　親みたいな視線で見てるよね」と笑っていたが、みんな「知らない」とクビを横にふる。

もちろんぼくも「知らない」。


ある試合後、その女性から「いっしょに写真を撮ってください」と頼まれ、ツーショットで撮ったことがあった。「これどうぞ」と差し入れをいただいたこと、また、野球の本をいただいたこともあった。

　ぼくにもファンができたのかな……。


　そして、大学四年秋のリーグ戦の最後の試合が終わった日、その女性からぼくは手紙を渡された。「バスに乗ってから読んでください」と。みんなに冷やかされるなか、「あざーす！」と軽く会釈をしてバスに乗り、出発してからその手紙を開けてみた。

　すると、そこには、まさかの内容がつづられていたんだ。


『わたしはあなたの母です。離婚して、あの日まだ小さかったあなたと○○（弟）の二人を置いて家を出てから、二人を忘れたことは一日たりともありませんでした。○○（弟）は記憶にないと思うけど、あなたなら覚えていると思って手紙を書きましたが、渡すかどうか本当に迷いました。

　今さらなんだと思っているでしょう。私のことをうらんでいると思うけど、もし、許してくれるのならば、一度連絡をください。お願いします』

叫んだ。

「あの人、オレの母ちゃんだった！」。

まわりのみんなが「またまたー！」「何いってんだお前！」と笑うなか、ぼくは「ほんとだよ、ほんと、母ちゃんだったんだよ！」。大泣きした。

みんなはビックリしながらぼくを見ていたけれど、まわりなど関係なく、涙でボロボロになりながら手紙を何度も何度も読み返していた。


寮に帰ると、弟に連絡をして、二人そろったところで電話してみた。電話の向こうで、その人……お母さんは号泣していた。「ごめん……ほんとにごめんね」と。

どんな言葉づかいをしていいかわからなくて、「大丈夫ですから。うらんでなんてないですから。逆に手紙ありがとうございます」と敬語で話していた。

本当に母をうらんだことなんて一度もない。さびしかったけれど、お母さんにはお母さんの理由があったんだ、それよりも、こうしてぼくのところに来てくれたことにお礼を伝えたい、そんな気持ちでいっぱいだった。

その数日後、お母さんと弟と三人で食事をした。小さいころの写真も初めて見た。どんどん当時の思い出がよみがえってくる。いろんな話をするなかで、「どうしていなくなったのか」なんて聞かなかったけれど、「どうしてぼくを見つけてくれたのか」ということだけは知りたかった。すると、お母さんはこういった。

「たまたまテレビをつけたら甲子園をやっていて、あなたが出ていたのよ。野球をやっていることも、その高校に進学していたことも知らなくて、ほんとに偶然テレビで見たの」

涙が出た。お母さんに会うためにやってきた野球、お母さんに会うためにめざしてきた甲子園。まさか本当にお母さんが見てくれていたなんて……。

二年夏のたった一試合の甲子園でボクに気づいてくれたお母さんは、翌夏の甲子園もテレビの前で応援してくれたそうだ。お母さんは、ぼくが二塁打を打ったところも見ていてくれたんだ。そして、あのとき、試合後の記事で、「大学野球を続ける」と書いてあったのを読み、それから四年間、ぼくの試合をずっと見続けていてくれたそうだ。

しかし、子どもをおいて家を出ていった以上、簡単には子どもたちのところに顔を出すことはできないと思っていたらしい。

また、野球でがんばっているところにじゃまをしたくないという気持ちもあって、最後の最後まで身を明かせなかったそうだ。

ぼくは……さらに上の社会人で野球をやることも考えていたけれど、そこで野球はやめた。「野球が好き」というよりは、「お母さんと会うため」にやってきたから。

目標がクリアされた今、やる意味がなくなっちゃったんだな。普通に就職し、野球からは離れた。重い荷物を背中から降ろしたような感覚だった。

その後、母とは、たまに会っている。

小さいころに何度も行った母の実家にも行ってみた。ぼくと弟が行くと、おじいちゃんとおばあちゃんが泣きながら家から飛び出してきて歓迎してくれた。手料理をふるまってくれ、母の料理も食べた。その味がなつかしくて……美味しくて……ちょっとウルっときた。寮メシでロールキャベツが出てきたときになつかしい感覚がしたんだけど、それは、母がよくつくってくれたからだった。そんなことも思い出した。

野球がすごく好きだったわけではないけれど、野球があったからこそ母に会えた。野球を授けてくれた父、小・中学生時代、毎週末弁当をつくり続けてくれたおばあちゃんにも感謝しつつ、ぼくは今までとは違う、背負うもののない人生をスタートした。涙をぬぐって……。

学生時代、とある尊敬する方が書いた本の中に、「素直さは何にも勝る能力である」という言葉があった。そのときは今一つピンとこなかったけれど、今ならよくわかる。

この話の主人公は、素直だからこそ目標を遂げることができた。たとえば、お母さんが現れたとき、それを素直に喜べたから、上手に仲直りできた。これが、もしひねくれた考えでうらみに思っていたりしたら、そうはなれなかっただろう。

あるいは、お母さんに会いたいという素直さが、野球を続けることの動機になった。その純粋な気持ちは、甲子園出場にもつながった。そこで、つらさに心が曇《くも》って野球をやめたり、甲子園をあきらめていたりしたら、こうして会うことはできなかったかもしれない。

また、最後に野球をやめてしまうのも素直でいい。目標は達成したから、もうやる気がなくなってしまったというわけだ。

素直な人間は、そういうふうに切り替えが早い。そして切り替えが早いからこそ、次もうまくいく。そんなふうに、素直さはいいことばかりなのだ。

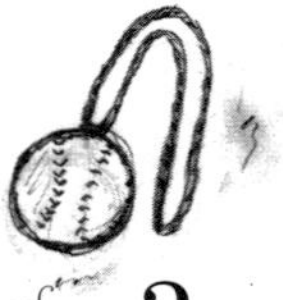

Story 3

巻き戻せるものなら

——女子マネージャーとなるが、震災でメンバーがバラバラになってしまう

中学のとき、先生に、「お前は面倒見がいいし、自分を犠牲にしてでも人のためにがんばれちゃうところがあるから、野球部のマネージャーなんか向いているんじゃないか」といわれたことがずっと頭の片隅にありました。

そして、高校の野球部の練習を見に行ったとき、とてもいい雰囲気だったので、「マネージャーになりたいな！」って。

けれど、野球部には二つ年上の兄が所属していて、兄には「お前には無理だ。朝も早いし、力仕事もあるし、中途半端な気持ちならやめておけ」と反対されました。

その野球部は、県立だけど甲子園にも出場したことがあって、わりと強いんです。

部員全員が練習に専念できるよう、マネージャーがあれこれ練習のサポートをしなくてはいけないので、それで兄は「大変だ」と。

でも、もう「やる！」と決めていたので、その反対を押しきりました。

せっかく入部したんだから、みんなにとって、「いないと困る」と思われるぐらいのマネージャーになる、そんな強い決意をもって門をたたいたんです。

野球部には、二学年上に一人だけ女子マネージャーさんがいました。その方は、なんでもテキパキやっちゃうスゴイ人。「夏が終わったら私はもういないので、ちゃんと覚えてね」と、何もわからない私に一から丁寧に教えてくれました。

大変だったけど、とてもやりがいを感じていました。

二つ上の代の先輩たちは、夏は四回戦で敗戦。みんなにとても頼りにされていた先輩マネージャーも引退し、それから私一人のマネージャー生活がはじまりました。

先輩が優秀すぎたぶん、これからは比べられちゃうかな？　と思いながらも、私は私、できることから一生懸命やりました。

学校が終わると、急いで部室に行ってジャグ（飲みもの）をつくり、監督から聞いたメニューを黒板に書き出し、メニューによってコーンを並べたり準備をして。ダッシュやサーキットトレーニングのときはストップウォッチをもち、ノックがはじまればボール渡しをして。合間にはボール磨きもして。やることがいっぱいで、毎日ヘトヘトになったけれど、それでも部員たちが一生懸命練習し、私も必死にサポートし、そんななかで、チームがどんどん力をつけていくのがうれしかったんです。

〝甲子園〟っていう大きな目標をチームで本気でめざし、本気で練習したあとには、差し入れにいただいたものをみんなで食べたり、冬場には、みんなで餅つきをした餅を焼いて食べたり。毎日毎日大変だけど、練習後に部室でくだらないことしながらみんなでワイワイやるのも楽しくて「青春してるなぁ」とも感じていました。

先輩たちは春の福島県大会で三位になり、東北大会にまで進むことができました。でも、夏は三回戦で負けてしまって甲子園には届かず。お世話になった先輩たちに、自分はもう何もしてあげることができないのかってすごく悲しかった。

先輩キャプテンがいつも試合が終わるたびに「セリのおかげだよ。いつもチームのためにがんばってくれてありがとう」などとお礼のメールをくれていたのですが、それもう最後。「あとは頼む」といわれ、泣きながら「はい」って答えました。

次こそはきっと！

私たちの代がスタートしたけど、秋は地区予選で敗退。それでもめげず、「春や夏は勝ち進むぞ！」と、とてもいい冬のシーズンをすごしていたんです。

これならいけるかもって。

そして、三月一一日。グラウンドでバッティング練習をしていたときのこと。携帯電話の地震速報がなり、「あ、地震が来るよ」と話したと同時に、大きなゆれが来たんです。今まで経験したことのないような大きな地震。

みんなでグラウンドの中央に集まって、収まるのを待ちました。

すごいゆれた……。

地震が収まって少し経つと、学校は避難所になっていたので、近隣の方が続々と集まってきました。さらに、津波警報が出たということで、学校から高台の中学校に移動するよう指示がありました。

みんなの家は大丈夫かな……。

なかなか連絡が取れなかった両親と連絡が取れ、夜の一一時ぐらいに車で迎えに来てくれました。

そして、海沿いの家はみんな流され、たくさんの人が亡くなっていること、うちの近くで大規模な火事があり、今もまだ燃え続けていることを聞きました。

数日間は、放射能漏れのことがあって家に缶詰状態となり、何日か後には、避難指示があり、二〇キロほど南のほうに住む親戚の家へ行きました。

そんなとき、野球部の監督さんより「野球部員の安否や居場所を確認してほしい」という連絡がありました。キャプテンの選手と手分けをして連絡をすると、全員無事。でも、千葉や神奈川など遠くに避難している人も……。

毎日いっしょにいたメンバーがバラバラになっている現実をあらためて実感し、なんともいえない気持ちになりました。何事もなければ練習試合がはじまって、春の大会に向けて練習をしていたはずなのに。とってもいい線いってたと思ったのに……。

もんもんとした日々をすごしながら、四月になり、監督さんから「野球部で一度集まろう」という連絡がありました。とはいえ、学校は原発近くで立ち入ることができないので、だいぶ離れた会津地区の学校で集まることになったのです。

その呼びかけで、福島県内のあちこちや、遠くは千葉などからみんなが戻ってきて再会したときは涙が出たなぁ。

選手たちは抱き合って喜んでいました。

でも、その後、エースら三人の仲間が転校することを聞きました。副キャプテンの選手からは「家族で県外に避難することになったので、自分だけ福島に残るなんてできない」と。

私は思わず「行かないで」と口にしてしまったけれど、「どうしようもないんだ」と泣きながらいわれたら、もう何もいえなくなっちゃって。

入部以来、だれ一人やめずにここまできていて、みんなで「全員で引退しようね」と話していたのにと一人で泣きました。

エースが抜け……。

副キャプテンもいなくなり……。

残った野球部員も、県内のだいぶ離れた三つの高校にサテライトしていて、なかなか集まることができなくなりました。監督が「春の大会は中止になったけど、夏はこのメンバーでがんばろう！」と励ましてくれ、週に一度、県内のどこかのグラウンドを借りて集合しました。でも、みんなの士気はなかなか上がりませんでした。

平日は、それぞれがサテライトしている三カ所の高校の野球部で合同練習をさせてもらっていたのですが、そこでの練習がとてもつらかった——。

私を含め九人が合同練習をさせてもらうことになった高校の野球部は、私たちが今までやってきたような真剣な野球部ではなかったんです。

そこには女子マネージャーさんが四～五人いて、私が練習前にジャグをつくったり、今までやってきたように選手にサポートをしようとしたら、あまりいい顔をされず……。

また、向こうのチームの選手にボールがあたったときに急いでコールドスプレーをもって走ったのですが、それも快く思われなかったようです。
それからはもう何もできなくなりました。

そんななか、うちの野球部員たちは、その野球部にどんどんなじんでいきました。私は、勝てるチームになるよう、みんなが気持ちよく練習できるようサポートするのが自分のマネージャーとしての役割だと思っていたのに、ベンチにポツンと座って眺めているだけ。そんな自分がとてもみじめで……。いつも身近にいた監督も、遠く離れた違う高校にサテライトしていたので、相談することも頼ることもできず、本当に孤独を感じました。ひとりぼっちだなぁ……。

唯一、全体練習が終わって、合同練習をさせてもらっている野球部の選手やマネージャーが帰ったあと、うちの選手たちが、「ティーやるからボールあげて」とか、「ダッシュするからタイム計って」と頼んでくれたときだけが、救いというか、自分の存在意義を感じられるときでしたね。

そんななか、毎年恒例となっていたお守りをつくりました。二年前は学校の校章型のお守り、昨年はユニフォーム型のお守り、そしてその年はボール型のお守り。それは転校していった選手たちにも送りました。彼らも、転校先の高校で試合に出ることになるそうですが、気持ちだけでも最後までともに……と考えたからです。

そうして迎えた夏の大会、開会式で思ったこと。

自分の高校の名前で大会に出られてありがたい。

原発近くの学校のなかには、多くの選手が転校してしまって、ひとつの高校では大会に出られず、連合チームとして出場していた高校もあったので。

試合には、バラバラになっていた学校の友だちも応援に来てくれて、スタンドが同窓会のようになりました。そして、私たちは、転校した選手のユニフォームをスタンドに掲げながら試合に臨みました。

試合中、お守りがある胸を握りしめながら打席に入ってくれる選手、お守りを入れたポケットを触りながら守備についている選手を見たときは、うれしかった。でも、そこに全員の姿がそろってないのはさびしい。初戦となった二回戦ではコールド勝ちできてとてもうれしかったけど、全員で校歌を歌えないことがさびしかった。

そして、三回戦で〇対一、本当に惜しい試合で敗れました。

スコアブックは二ページで終わり。

試合に負けたのはもちろん、スコアブックに全員の選手たちの名前を書き込めなかったことが悲しかったです。

こんな形で高校野球が終わってしまったことがとてもくやしい。

でも、〝三年生を送る会〟のときに仲間からこんな寄せ書きをもらいました。

「不甲斐ない主将だったけど、何度もサポートしてくれて本当に助かりました。いろいろ迷惑をかけたけど三年間ありがとう」

「一人でつらいときもあったと思うけど、三年間みんなのサポートありがとう。今までお疲れさま。これからもよろしく！」

「一年のときから最後の夏までチームのことや俺たちのことを支えてくれてありがとう。三年間お疲れさまでした」

「冬練のときの餅焼き、お疲れさまでした。三年間いろいろ助けてくれてありがとう」


下級生たちからも……。

「一年のときより弟のように接していただきありがとうございました。練習でバテている自分に声をかけてもらい、そのおかげで今までの練習を乗り越えられたと思います。自分はセリさんが福島県ナンバーワンのマネージャーだと思います。二年間ありがとうございました」

「たった一人のマネージャーで自分たちを支えていただきありがとうございました。練習でセリさんに厳しくしていただいたおかげで今の自分があると思います。優しさと面白さもあるすばらしいマネージャーさん、練習後の会話も楽しかったです」

「セリさんはいつも一人で仕事をがんばっていてスゴイと思いました」

「練習中、ヘコタレてるときでも喝《かつ》を入れて励ましてもらって、どんな練習も乗り越えられました。セリさんには本当に感謝しています」

「たった一人のマネージャーなのに、三年生や自分たちをいつも支えてくれてありがとうございました。泊まりのときとか練習終わりとかにセリさんと語ったことがとても楽しかったです」


社交辞令も入っているよねーなんて思いながら……。

やっぱりすごくうれしかった！


そして、遠く離れた仲間からも「お疲れさま。ありがとう」のメールが届きました。

マネージャーとして何もできなかったと思っていたけれど、ほんのちょっとはみんなの役に立てていたのかな……目がうるみました。

あのあと、野球部の仲間のほとんどは関東の大学へと進んでいきました。

地元で就職した私が野球部の仲間と会えるのは、正月など年に一、二回かな。

もうお酒も飲める年になり、今年も何人かで集まってワイワイやりました。

「俺ら、全員でちゃんと戦えてたら、もうちょっと上までは行けてたかな」「甲子園、出られたかな！」なんて話も出てくるけれど、決して戻らない過去……。

もし戻れるならば、私だってやり直したい。高校一年の秋ぐらいまで時間を巻き戻し、高校三年夏まであのメンバーで野球がやりたい。

全員で練習して、全員で練習後のグラウンドあいさつをして、全員で試合会場に行って、全員の名前をスコアブックに書き込みたい。

今年であの夏から五年。高校野球を見ると、いろいろ思い出して涙が出てきちゃいそうだけど、もう五年も経つんだから……前を向いて歩いていこう。

人生というのは、はかないものだ。たった一度の地震で、もろくもくずれ去ってしまうことがある。すべてが失われてしまうことさえある。この話の高校のように、普通に野球ができなくなってしまうこともある。

逆に考えると、そういう何が起こるかわからない世の中で生きているというのは、それだけ「ありがたい」ことなのである。ましてや高校野球ができるということは、奇跡に近いともいえるのだ。

「ありがとう」という言葉は、漢字で「有り難う」と書く。それは、私たちが普段当たり前だと思っていることも、実はもろく、はかなく、尊い——つまり、いかに「有り難い」かということを意味している。

こんな言い方をしても何の気休めにもならないが、東北の地震や津波を経験した人たちは、この「有り難う」という言葉の意味を、だれよりも理解できるようになったのではないだろうか。この世界には、きっとそういう人たちが必要なのだ。なぜなら、そういう経験をした人たちこそが、有り難い世の中をつくっていくのだから。

Story 4 今日は代えないよ

――沖縄でナイスピッチングをして家に帰ったら

あの日。

沖縄のマウンドに立っていた。

ぼくは冬の練習がはじまったころ、腰が痛くなってピッチングをやめていた。

やっと痛みがとれてピッチングを再開すると、暴投が多くなった。

投げるとき体が固まる感じで、マウンドに行くのもイヤになった。イップス（運動障害）だなんて思いたくなかったけど、そんな感じの状態だった。

ぼくのチームは前年秋、明治神宮大会で優勝。

センバツへの出場も決まり、三月に沖縄で練習試合をしていた。

でも、沖縄に来てから、ぼくの登板はなかった。

練習試合、最終戦。もう投げないと思っていたのに、アップをしていると「今日は、ここまで投げていない人が投げるって」という情報が入ってきた。

マジか。

試合で投げられるうれしさ半分、マウンドに立つ不安が半分だった。

ブルペンでピッチング練習をはじめると、きちんとミットに投げられて指先がいい感覚だった。

イップスじゃなくて、ただの思い込みだったのかな。

マウンドに立つと、無我夢中で投げた。

二イニングを投げ、打たれたヒットは一本。二つの三振を奪う。

チェンジアップがよく決まり、楽しかった。

仲間からも「最高によかったじゃん」と声をかけられて、うれしかった。

翌日。よい気分のまま、飛行機で地元に帰った。

駅について、お母さんに「終わったよ。今から帰るね」と電話をかける。

お母さんは「はーい」といった。

「夜飯は何？」と聞くと、「お寿司だよ」とメニューを教えてくれた。

寿司は好きな食べ物だし、何より、合宿中には食べられなかった生ものを食べられると思うとうれしくなった。

お母さんは「お風呂もわかして待っているね」といってくれて、電車に乗った。

久々の家。玄関を開けると、「靴が多いな」って思った。

お母さんの靴の他に二足ある。

不思議に思いながらリビングに向かうと、お父さんのお父さんとお母さん。つまり、ぼくのおじいちゃんとおばあちゃんがいた。

「ドッキリさせたかったんだ」とお母さん。おじいちゃんとおばあちゃんが来るときはいつもは先に知らされるから、今日はサプライズだったみたいだ。

お風呂に入って、お寿司をほおばった。おじいちゃんたちは先に食べたのか、ぼくは一人で食事した。食べ終わり、ソファに座ってテレビを見ていると、お母さんが「話があるの」といってきた。

「何？」

「じつはね……パパ、亡くなったの」

お母さんのその言葉と同時に、おばあちゃんがぼくを後ろからハグしてきた。

お父さんがいつも座っている席で酒を飲んでいたおじいちゃんを見ると、くやしそうな顔をしていた。

「本当？」

「本当だよ。パパ、亡くなったの」

「何で？」

「事故で」

「いつ？」

「昨日……」

そこから、自分の部屋に入って、ベッドのなかで泣きじゃくったことと、お母さんが部屋に入ってきたことは覚えている。

合宿の疲れもあったのか、知らない間に眠っていた。

起きると、昨日のことは夢なんじゃないかって思った。でも、現実だった。テレビの向こう側ではセンバツの抽選会が行われていて、ぼくのチームの対戦相手も決まったのに、他人事のような感じがした。

監督には伝わっていたようだけど、自分の口から直接話さないといけないと思った。制服を着て、グラウンドに向かう。

練習は終わっていて、みんなは片付けと整備をしていた。

監督に、お父さんのことと、甲子園には葬儀が終わってから行くことを伝えた。最初は普通に話していたけど、込み上げてくるものがあって、最後は泣きながら話していた。

「すみません、迷惑をかけて」というと、監督は「迷惑じゃないよ」といい、こう続けた。

「強く生きろ」

監督室を出ると、帰り際のチームメートに会った。ぼくのことはもうみんな知っていたみたいで励ましてくれた。

後輩が部室の野球道具をもってきてくれたちょうどそのとき、エースが通りかかった。

エースは「グローブを貸してくれ」といった。

ぼくは愛用のグローブを渡した。

これは、二年生の夏、練習試合で結果を出せずに落ち込んでいたとき、お父さんが買ってくれた。二人でスポーツ店をめぐり、色もウェブも気に入って買ってもらったグローブ。お父さんから最後のプレゼントだった。

エースは「甲子園、これで投げるから」といってくれた。


お父さんは単身赴任《ふにん》先で事故に遭った。もともと、週末しか帰ってこられなかったから、あんなに泣いたけど、お父さんがもうこの世にいないという実感はすぐにはわいていいなかった。

けれど、葬儀会場に入り、遺影やたくさんの花を見た瞬間、「本当に亡くなったんだ」という思いがブワーッと込み上げてきた。お母さんとお姉ちゃん、おじいちゃん、おばあちゃんと五人で泣いた。

棺のなかのお父さんの顔は見られなかった。

最後にお父さんと会ったのは、沖縄合宿へ出発するとき。

「がんばれよ」と軽い感じでいわれて、「おう」と返した。これが最後の会話。

沖縄に来てから、お父さんからは「元気にしているか？　とにかくがんばれ」というラインのメッセージが来ていた。でも、普段、家族とラインをしないので「OK、OK」と思いつつ既読をつけないで返信もしなかった。

かなり後悔している。

返信しておけばよかったな。

電話もすればよかった……。

単身赴任先での葬儀だったため、ぼくはお父さんの遺骨を抱いて新幹線に乗った。

お父さんはずっしりと重かった。


遅れてチームに合流した。

久々に会うチームメート。ちょっと恥ずかしくて、気まずさもあった。

でも、みんなもなんて声をかけていいかわからない感じだったから、自分から話しかけた。そのおかげか、気がつけば、いつも通りの仲に戻っていた。

さぁ、試合だ。ぼくはアルプススタンドからみんなに声援を送った。

初戦を突破し、宿舎に戻ると、テレビにはその日の試合のプレーバックが映し出されていた。そのとき、チームメートが「これ、お前のグローブじゃない？」といった。

試合を締めたエースの左手には、ぼくのグローブがはめられていた。

エースに「使ってくれたんだ」というと、「八、九回ね」と教えてくれた。

「ありがとう」とお礼をいった。

お父さんは週末に帰ってくると、ぼくのチームの試合を見に来ては仲間にちょっかいを出していた。ぼくのチームメートのことが大好きだった。

センバツもめちゃくちゃ楽しみにしていたから、試合ではみんなのことを見守ってくれていたと思う。

四月四日。

自校のグラウンドのマウンドに立っていた。

沖縄での登板以来、約一カ月ぶりのマウンド。

練習もほとんどできなかったから、試合をこわしたらどうしようと弱気になった。

でも、お父さんのためにも夏はベンチに入りたい。

いろんな思いがよぎり、空回りしてしまった。

初回、いきなり先頭打者に死球を与え、二球連続で暴投。二番、三番打者も四球で歩かせて無死満塁にすると、四番打者にタイムリーヒットを浴びた。

ぼくのチームの練習試合は、どんな内容であれ、ピッチャーは三イニングを投げたら交代すると決まっている。

ぼくは三イニングですら投げられないと思った。

こんなピッチングでは守っているみんなに失礼だ。

こんなのピッチャーじゃない。

でも、監督は五回になっても代えてくれなかった。

「今日は代えないよ。どんなに四球を出してもいいから、全部、投げろ」

人生で初めて、九イニングを投げきった。

球数、一九一球。一四の四死球を与え、一四失点。

試合後、監督からは「今日のことを忘れるな」といわれた。

一試合のなかで、よいことも悪いこともある。

監督は、九イニングを人生にたとえ、よいことがあっても悪いことがあっても、人生に交代はないということを伝えたかったみたいだ。

そして、これから先、父親に頼ることはなく、自分の力で問題を解決していかなければならないんだよということも……。


この試合から数日後、ぼくは「一年生監督」に指名された。

そんなこと絶対にないと思っていたから、おどろいた。

「一年生監督」はその名の通り、一年生を監督する役目。新入生の練習を指導する立場だ。ぼくが一年生のときの「一年生監督」を見ていて、大変だなと思っていた。小学校でも中学校でもキャプテンなどまとめ役になったことなんて一度もない。

ぼくでいいの……？　と、不安しかなかった。

でも、これも監督からの「強くなれ」のメッセージだと受け止めた。

監督はいつも答えをいわない。

ヒントを与え、あとは自分たちで考えさせる。

だから、そう受け取った。

夏のメンバー入りはあきらめて「一年生監督」になった。「一年生監督」はチームを一丸にするために重要なポジションでやりがいがあった。

毎日、練習の終わりに一年生を評価して監督に報告する。監督からは「評価はいいことを書け。他人の悪いところを探すのは簡単。いいところを見つけるのは難しい」といわれた。それまでは自分のことしか考えていなかったぼくが、他人のことを考えるようになった。


最後の夏。春に続いて甲子園に行くことができた。

そして、決勝まで勝ち上がった。

優勝はできなかったけど、悔いはない。

メンバーには感謝の気持ちしかなかったから。この代でよかった。ぼくがつらいとき、励ましてくれて優しくしてくれた。みんなと出会えてよかった。


ぼくが沖縄で投げていた日、そして、お父さんが亡くなった日は三月一一日。

東日本大震災があった「三・一一」。

中学生のころ、所属していたチームは沿岸部にあった。震災後は津波の跡を見ながら練習していた。

大震災の四年後の三月一一日は、ぼくが高校野球で一番のピッチングをした日。

そして、お父さんの命日でもある。

三月一一日は特別な日だ。

お母さんは「大学に行って野球を続けてもいいよ」といってくれていたけど、野球をやめて専門学校に行き、消防士をめざすことを決めた。

小さいころ、夜になるとお父さんとお母さんの「将来は公務員にさせたい」という会話が聞こえてきたことを思い出したからだ。

何より、消防士は人を守ることができる。

生きるか、死ぬか。

そんな瀬戸際の人を助けたい。

ぼくは家族を亡くした気持ちがわかる。だから、他の人をこんな気持ちにさせたくない。

チームの三年生を送る会で監督から贈られたメッセージは、

「沖縄ではナイスピッチングでした。忘れませんよ!!」「親父の分もがんばれ」そして、「もっと強くなれ!!」だった。

もっと強くなって、目の前の人を助ける消防士になる。

多くの人は、「日常」を生きている。そしてつい、その「日常」がいつまでも続くものと勘違いする。

その勘違いに気づくのは、「日常」が失われたときだ。何かのタイミングで、当たり前と思っていたものが、当たり前ではなくなったときである。

人間の「強さ」というのは、この「当たり前と思っていたものが、当たり前ではなくなったとき」の経験回数に比例するのではないだろうか。その回数が多ければ多いほど、人は強くなれる。

ぼくも、これまで何度かそういう経験をしてきた。

それまで暮らしていたところから、急に引っ越した。好きだった野球を、突然やめることになった。生活のかかった仕事が、急に失われた。離婚をして、家族がバラバラになった。慕っていた先輩が死んでしまった。

そういう経験が、今のぼくをつくっている。だれもが、そういう経験を積み重ねながら、大人になっていくのだ。

Story 5
兄弟のために
――野球をはじめてからお兄ちゃんにきつく当たられるようになったが

ぼくは四人兄弟の二番目。三つ上のお兄ちゃんと、四つ下と七つ下の弟がいる。

幼稚園のころは、お兄ちゃんともすぐ下の弟とも仲よく遊んでいた気がするけれど、小学生でぼくが野球をはじめてからは、お兄ちゃんがぼくにきつく当たるようになってきた。自分もまだ幼かったので、お兄ちゃんに何かいわれればいい返す、やられればやり返す。

だから、寄ればケンカ、触ればケンカ……みたいな感じだった。

中学生になると、お兄ちゃんがきつくする理由が少しずつわかるようになっていった。

ぼくが野球に行くと、両親は応援に来てくれる。

お兄ちゃんは、おばあちゃんや弟たちと留守番になる。

それが不満だったみたいだ。

お兄ちゃんに「なんでお前だけ」とか「お前ばっかいいよな」といわれ、子どもなりに申し訳ないなって思ったけれど、両親に「来ないで」ともいえないし。

ぼくは、野球で結果を残すことがお兄ちゃんに認めてもらえることかなと思って、必死にがんばるようになった。


体は小さかったけど、大きい選手には負けないようにたくさんバットをふったし、バントの練習などもたくさんした。中学ではシニアに入り、高校野球に向けて、右打ちから左打ちに替えるため、またいっぱい練習をした。その成果が出て、中学三年春の全国大会では準優勝。夏の全国大会でも三位入賞に貢献できた。

そのころからお兄ちゃんが少しずつぼくに話しかけてくれるようになり、それがすごくうれしかった。

「全国大会で準優勝ってスゴイな」

「お前、やるなー」

そうほめてもらえたときは、両親にほめられるよりもうれしかった。ずっと仲は悪かったけど、勉強も家のことも一生懸命なお兄ちゃんが好きだったから。


高校は、いくつかより誘いをいただいたなかで、自分がめざす「機動力野球」をするところを選んだ。私立でしかも寮に入ることになれば、お金がかかることはわかっている。けれど、応援してくれる両親や兄弟を喜ばせるには、強い高校に進んで甲子園に行くことだ。両親やお兄ちゃんたちを甲子園に連れていくんだ！

そして、プロをめざすんだ。


シニアでも学年でいちばん小さかったけれど、高校でもいちばん小柄。

二つ上の上級生が引退した後、一年秋には背番号「5」をもらうことができ、翌春のセンバツ甲子園の切符はつかめなかったものの、「高校でもやっていけるぞ」という自信のようなものは少しわいてきた。

でも、試練はそこからやってきた。先輩たちに囲まれて、いい送球をしようと思っているうちに、送球難になり、悪送球が多くなってしまったのだ。

いわゆる……〝イップス〟だ。

それを直すために内野手から外野手になり、二年春の大会では外野手としての出場はなく代走のみ。その後、だいぶ送球が落ち着いたということで、二年夏はショートで試合出場。守備で先輩たちに迷惑をかけることなく無難にこなせたものの、チームは三回戦でコールド負け。大好きな先輩たちと甲子園に行く夢は断たれた。

新チームになり、キャプテンになったぼくは、やる気がみなぎっていた。だけど、気負いすぎてしまったのかな……。

またイップスになってしまった。それを矯正しようと再び外野手の練習をするようになると、内野手とは投げ方や動きが違うためか、左腰を痛めてしまった。病院に行くと……第五腰椎分離症《だいごようついぶんりしょう》。試合に出ることはできなかった。キャプテンなのに……。

腰にコルセットをつけられ、何もできない状態が続いた。自ら練習をしてみんなを引っ張らなくてはいけない立場にもかかわらず、何もできないのはつらすぎる。さらに左腰をかばっていたせいか、ついには右腰の疲労骨折まで発症してしまった。

春夏に向けての大事な冬練期間、仲間や後輩には厳しくいわなければいけないのに、自身はそのキツイ練習ができないという苦しい状況。でも、チームのみんなに嫌われてもいいと思って仲間に厳しいことをいい続けた。

中学生のときに、ぼくが一生懸命やることでお兄ちゃんがぼくを理解してくれたように、仲間もいつかわかってくれるだろうと信じて。

三年春の大会には出られないままに終わり、もう夏まで時間がない。そこで、今までは避けてきたブロック注射をして、ようやく動けるようになった。

そのとき、あることを決意していたので、監督室のドアをたたいた。

「こんなに休んでしまっていうのも申し訳ないのですが、もう一度ショートをやらせてください！　挑戦させてください！　死ぬ気でやります。お願いします！」と。

とにかく悔いを残したくなかった。

監督は、ぼくの心意気をくみ取ってくれ、「よし、わかった！」と外野から内野に戻してくれた。ありがたかった。

でも、だいぶ動いていなかったので、筋力も体力も落ちていて、練習や試合は本当にきつかった。とくに、五月や六月はかなり暑く、毎日が厳しい戦いだった。

そして、夏の大会前のメンバー発表。ぼくは背番号「6」をもらうことができた。

監督や仲間に感謝をしつつ、絶対やってやると強く誓った。


いよいよはじまった夏の大会。チームもぼく自身も順調だった。

ずっと逆方向を狙って打つ練習を続けてきたが、それができて、打率は五割超え。

守備も、ノーミスでいくことができた。とくに四回戦、一死満塁のピンチの場面、三遊間寄りの打球を取ってゲッツーを取ってしのげたときは、本当に気持ちよかった。

ショートの醍醐味《だいごみ》であり見せ場。野球をやる喜びを感じられたシーンだった。


こうしてぼくらはベスト8進出。甲子園まであと三つのところまで迫った。

迎えた準々決勝、相手にはプロ注目の投手がいるなど強い相手ではあったけれど、ぼくらだって力はある。チーム内に、だれ一人弱気になる選手などいなかった。


試合は、壮絶なものとなった。

取っては取られ、取られては取り。八対九。

最終回の表、二点を取り返してついに逆転に成功した。

あと三つのアウトを取ればベスト4進出！

九回裏、先頭打者の打球がぼくのところに飛んできた。ちょっと強めでハーフライナー気味の判断が難しい打球。練習だったら前に出て片手で捕りに行った打球だけど、大事に両手で捕った。なのに、握り替えがうまくいかずに送球ができなかった。

ぼくの……エラーだ。

次の打者は送りバントで一死二塁。次打者にセンター前に打たれて一死一、三塁。敬遠も考えられたが、相手の三番打者と勝負。打たれた打球は、無情にも……ライトの頭を越えていき……二人が生還して九対一〇、サヨナラ。

試合は終わった。

そこからのことは……あまりよく覚えていない。泣きくずれたこと、ベンチ裏で監督さんに肩をたたかれながら「ありがとな」といわれたことだけを思い出せる。

そのとき、「自分はキャプテンなんだ、最後までしっかりやらなければ」と、みんなを早くロッカールームに移動させるよう指示したんだったな。同時に、キャプテンなのに、みんなに申し訳ないことをしちゃったな……。やるせない思いがこみ上げ、涙がとめどなくあふれてきたんだった。


ロッカールームに移動すると、監督さんが目を真っ赤にして泣いていた。「ごめんな。こんなにがんばったのに、お前らを勝たせてやれなくて。ほんとにごめんな」と。

それはぼくのセリフだ。

こんな自分をキャプテンでいさせてくれたのに、監督を甲子園に連れていけなくて、本当に申し訳ない……。こんなキャプテンについてきてくれた仲間や後輩を甲子園に連れていけなくて、心から申し訳ない……。ベンチに入れないまま、スタンドで毎試合応援してくれていた三年生の仲間のことを考えると、ますます涙が止まらなかった。

球場の外に出ると、小さいころからぼくを支えてくれ続けた両親の姿があった。

お父さんはかけ寄ってきて、抱きしめてくれた。


そして、いつしかとても応援してくれるようになっていたお兄ちゃんも、その試合を見に来てくれていた。じつは、その前の五回戦の試合に初めて足を運んでくれて、試合後にはメールもくれた。

「野球って面白いんだな。お前、スゴイな！　また次も見に行くからがんばれよ！」と。

それが何よりもうれしくて、お兄ちゃんにまた勝利を見せたいと思っていた。

お兄ちゃんは泣きながら「本当にがんばったな！」といってくれた。

ぼくは兄がぼくの野球を見て泣いてくれていること、認めてくれてることがうれしくて、また涙が止まらなくなった。

さらに、その日の夜、久しぶりに家に帰ると、兄が、ぼくの名前と〝おかえり！〟の文字を書いた画用紙をつくってくれていた。両親も二人の弟たちも「お疲れさま！」と温かく迎えてくれて……。

小さいころからやってきた野球、夢はもちろんプロ野球選手だったし、これからもそこをめざして野球を続けていきたいとも思っていた。大学の野球部からのお誘いもいただいていたのだけど。

高校で野球はやめる決意をしていた。

腰のケガのこともあった一方、いちばんの理由は、これ以上、ぼくのために家族に大変な思いをさせたくなかった、ってこと。兄弟四人のなかで、たぶん、自分がいちばん親にお金や時間をかけてもらっていたし、好きなことを思う存分やらせてもらえていた。それでさらに、これから四年間、また学費や寮費、遠征費などを出してもらったり、応援に来てもらうのは申し訳なさすぎる。

いちばん下の弟も野球をはじめたし、これからまた中学、高校野球と進むにつれて大変だと思うので、ここで区切りをつけて就職をして、今度は弟たちを応援する側にまわりたい。親には「続けていいんだよ」といわれたけど、もう二年の冬ぐらいからそれを考え、三年の五月ごろには野球をやめることを決意していた。

だからあの日、悔いを残さないよう、監督に「もう一回ショートをやらせてくださ い」と直訴《じきそ》しに行ったのだ。

最後の最後にミスをしてしまったのは本当に痛恨の極みだったけど、仲間は「お前のおかげでこのチームはここまで来られたんだ」といってくれ、だれ一人ぼくを責めるヤツはいなかった。あそこから仲間の大切さなど、たくさんのことをまた学べたし、そこの部分は、野球をはじめた弟に教えてあげたいなって思っている。

野球が終わって半年以上経った今、警察官を志して勉強中だ。

自分自身、正義感や責任感は強いほうだと思うので、警察官は向いているんじゃないかなと考えている。

じつは、兄は専門学校を経て、今年から公務員になった。

お手本はすぐ近くにいる。

兄にいろんなことを教えてもらって、立派な社会人になれるようにがんばっていきたい。

いつか弟たちに、「二人のお兄ちゃんみたいになりたい」

そう思ってもらえたら……。

きっと、泣いてしまうぐらいうれしいだろうな。

心というのは、やっかいなものだ。弱気になったり、くじけたり。心が弱ると、身体も思うように動かなくなって、失敗を重ねる。すると、それがまた不安を募らせ、失敗につながるという悪循環を生む。

だから、賢い大人は「心を鍛えなければだめだ」という。けれど、心はどうやって鍛えればいいのか？　身体なら、走ったりトレーニングしたりすればいいとわかるが、心のランニングやトレーニングは、一体どうすればいいのか？

それにはやっぱり「失敗すること」だ。人は、失敗を重ねるうちに、心が鍛えられる。そうして、いざという場面でも不安が顔を出さなくなる。

しかしこれは、ちょっと矛盾している。人は、失敗をしないため、あえて失敗をしなければならない――ということになってしまう。

だから、だいじなのは「小さく失敗すること」だ。若いうちに、取り返しのつく失敗をすること。高校野球は、その小さな失敗をするための場所なのかもしれない。

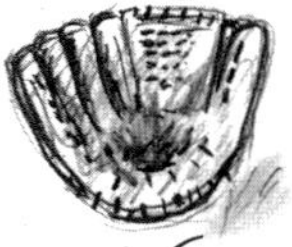

Story 6 グローブよ、ありがとう

——右手のハンデを背負いながらもグローブに工夫をして

高校二年の秋、ぼくの背番号は二ケタだった。チームで三番手か四番手の左投手。自信はなかった。

エースになれるのか？　いや、むしろ、ベンチに入れるのか？

春になると、秋に1番をつけていたピッチャーと、もう一人の左ピッチャーがあいついでケガをした。二人が投げられないぶん、ぼくの登板する機会が増えた。先発を任される試合も多くなって、甲子園に出場するような強豪私学を相手に抑えることもあった。ちなみに、ぼくのチームは女子校から共学になった新興私学という感じで、甲子園出場はまだない。

三年夏の最後の練習試合。強豪校を相手に完投し、自信は深まった。

エースナンバーをもらえるんじゃないか？

地方大会一週間前。室内練習場に集められ、監督が「今から背番号を発表する」といったときは心臓がバクバクした。

「背番号1……」

ぼくの名前は呼ばれなかった。高ぶっていた気持ちは一気に引いた。ケガをしていた左投手がエースナンバーを手にし、ぼくの名前は、背番号10で呼ばれた。

「1番ではないんだ」と思ったけど、不思議とくやしくはなかった。

初戦の三日前。ピッチング練習を終えると監督に呼ばれた。

「調子はどうだ?」と聞かれ、「大丈夫です」と答えた。

すると、「初戦、頼むな」といわれた。

家に帰り、両親に「初戦の先発になった」と伝えると、「がんばってね」と励まされた。母はその日が仕事で残念がっていたけど、喜んでくれた。

初戦。

ブルペンではボールが走らず、「これはマズイな」って思った。

不安なまま試合に入ったけど、一アウトを取ったら気持ちが楽になった。

チームメイトが先制してくれて、さらに気持ちはノッた。

試合終盤、ボールが浮いてきたため、低めを意識して投げたら三振が増えた。最後のバッターをライトフライに打ちとって、ゲームセット。

これが公式戦での自分の高校野球初勝利になった。

でも、あまり実感はわかなかった。

帰りのバスでは爆睡。到着して起きると、疲労と緊張からの解放で体がだるかったことを覚えている。

翌日の新聞でぼくがとり上げられているのを見て、ようやく勝利を実感した。

そして、無四死球だったことを知り、ますますうれしくなった。

二回戦は途中から投げてサヨナラ勝ちし、三回戦は先発してコールド勝ち。

四回戦はリードされたピンチの場面でマウンドに向かった。そのピンチを抑えたけど、その後、追加点を奪われてしまった。

試合終盤、一番打者が満塁ホームランを打ち、一点差に迫った。努力を惜しまないやつでみんなから好かれている一番打者。ベンチ前でキャッチボールをしていたぼくは泣きそうだった。

みんな、あきらめていなかったけど、その後は追いつけず。

ぼくは「ネクストバッターズサークル」で高校野球を終えた。

ベンチ前で相手の校歌を聞きながら見つめていたマウンドは、今でも脳裏に焼きついて離れない。

ベンチを出ると、ベンチ外のメンバーが泣いていた。

ぼくは監督にかけ寄り、「ありがとうございました。すみませんでした」と頭を下げた。監督はぼくの頭をポンポンとしながら「よくがんばった」。

その瞬間、涙があふれてきた。

自分はこの高校の監督にほれて進学を決めた。

中学生のとき、初めて会話を交わした。ぼくのシニアが国際交流でタイのチームと試合をしたのだけれど、その橋渡しをしたのが、青年海外協力隊員として野球後進国で野球指導の経験がある監督だった。会話したときはまだこの高校の監督だとは知らなくて、とても明るい人だなって。自分がいうのもおかしいけれど、目がキラキラと輝いていた。後に高校の監督だと教えられ、県内の甲子園常連校にあこがれていたにもかかわらず、ぼくはこの監督の高校に行こうと決めた。

そして、監督と話したとき、「どうやって投げているの?」と聞かれた。

じつは、ぼくは生まれつき、右手の指が短い。左手はみんなと同じだけど、右手は親指以外の四本が第二関節までも伸びていない。

それでも、小さいころから自分では「ふつう」に野球をやってきたつもりだ。おもちゃのグローブを左手にはめて捕球して、グローブのウェブ部分を右手に引っかけてグローブを外して、左手で投げる。

だれに教わったわけでもなく、気がついたらそうやって遊んでいた。

父から「アメリカにこういう人がいるんだよ」と隻腕《せきわん》(一方の腕を失った身体障害

の状態）のメジャーリーガー、ジム・アボットのことを聞いたことはあったけど、理解できたのは中学生になってからだ。

小三の秋、リトルリーグで野球をやっていた友だちがチームに誘ってくれて、軽い気持ちで練習に参加。そのまま入団した。母は心配だったみたいだけど、リトルの事務局長が説得してくれて入ることができた。

厳しいチームだったものの、勝つためにこういう練習が必要なんだと思えば、耐えられた。先輩たちが出ていた全国大会を見たときは気持ちが高ぶった。次の年には先輩たちが世界大会に出場。ぼくも中一で、全国大会に出場し、甲子園で行われた開会式に出た。

あいにく、土砂降りの雨で甲子園の土を踏みしめることはできなかったが、テレビに映る甲子園に感動した。

この全国大会でチームは優勝した。

ぼくは三番・レフトで出場し、準決勝には投手として先発した。

ぼくは左打ち。右手の親指と人さし指の間と、左手でバットを握り、全四試合で三本のホームランを打った。

決勝では強豪チームを破り、みんなで大はしゃぎした。

リトルのあとはシニアで続けた。そして、高校でも野球を続けることになった。

ただし、シニアの事務局長が「高校野球になったら、今のままでは通用しないのではないか」と心配する点があった。

それは、グローブのことだ。

ぼくは気がついたときから、左手だけで捕球も投球も行ってきたけど、その動作では、レベルが上がる高校野球では難しいのではないか、ということだった。

右手にグローブをはめる方法はないか？

シニアのコーチの知り合いにスポーツメーカーの人がいて、ダメもとでオーダーメイドを頼んでみた。すると、右手を四方から撮影した写真と紙に書いた手形を送るようにいわれた。

数カ月後、グローブが届いた。

なかにはゴムバンドがあり、それで右手をグローブと一体にする感じだった。右手にはめるグローブはできたが、問題があった。グローブを右手にはめると、親指側は動くものの、人さし指、中指、くすり指、小指側を動かすことができなかったのだ。

グローブの人さし指から小指側に木の板を入れようか、という話も出たが、それでは自由が利かない。どうしようかと思っていたら、シニアのトレーナーがペットボトルを加工したボードのようなものをつくってくれた。ペットボトルを切って、重ねて、テーピングを巻いたもの。そのペットボトルの加工品をグローブの人さし指から小指側に入れると、力が伝わってグローブを動かせるようになった。

でも、不安でいっぱいだった。

それまでは右手の小指とくすり指を親指につけることなんてなかったので、ボールが入ってグローブを閉じる動作を自然に行うのは難しかった。体力的なつらさは覚悟の上だったけど、グローブの使い方には想像以上に苦戦。ゴロの打球にグローブがうまく合わないときは体で止めるしかなかった。守備練習は苦痛だった。

そんななか、一年生の夏、ベンチ入りメンバー外の練習試合で登板する機会が訪れた。先発投手がくずれ、二回から登板。九回まで〇点に抑えた。しかも、この試合で痛烈なピッチャーゴロがあっても、右手のグローブで捕ることができた。

このとき、高校でもやっていける！　と自信が芽生えた。

バント処理は転がってくるボールをそのまま左手で捕って送球するなど、自分に合ったプレースタイルを見つけていった。

大学でも野球を続けた。肩をこわしたこともあって、公式戦では投げられなかったけど、四年時の納会で、ぼくは意外な表彰を受けた。

リーグの審判員が壇上でぼくの名前を呼び、こんな話をはじめた。

「野球はグラウンドに出る選手が行う競技ですが、試合を行うには、監督・コーチ・マネージャーはもちろん、大会になれば多くの役員・アナウンス・記録員などの協力が必要です。そのなかでも、審判員が一番、協力を必要とするのがボールボーイです。

これまで一七年審判をしているなかで、呼んでも来ない人、天気のよい日になるとウトウトしている人もいました。当たり前のように運んでくれるボールボーイですが、じつは審判との呼吸がとても大切な役割だと考えております。

今年のオープン戦で、とても輝いているボールボーイがいました。残りのボール数を確認しようとふり返ると、すでに理解して明るい表情で『OKですよ』といわんばかりのサインを送ってくれて、とても気持ちよく試合が進みました。どんな役割でも一生懸命にこなし、相手も気分よくする行動に感動し、過去にこのような賞があるかわかりませんが、ベスト・ボールボーイ賞を贈りたいと思います」

おどろいた。

そして、野球のプレーだけを見られていたわけではなかったので、うれしかった。

見てくれている人はいるんだ。

ベンチに入ることや試合に出ることがすべてではないんだって思った。

人の目線が気にならない、といったらウソになる。

幼稚園のころ、自分の右手の指の長さが他人と違うなと感じた。でも、これが自分にとっての「ふつう」。左手は自由に使えるし、ボールだって投げられる。

小学生のころ、練習試合をすると相手チームの選手たちは、左手で捕って左手で投げるぼくを不思議そうに見ていた。学校で「指、どうしたの？」と聞かれることもあった。そんなときはチームメイトが「お前には関係ないだろ！」と盾になってくれた。

自分にとっては「ふつう」にプレーしているつもりでも、まわりには「あの子でしょ」という目で見られた。

障害をもっているあの子でしょ……。

グローブを持ち替えて投げるあの子でしょ……。

名前よりも、姿で覚えられている。

でも、そうやってでも、ぼくのことを覚えてくれている人がいるというのはうれしい。自分は知らなくても、ぼくのことを知ってくれている人がいる。

今年の夏、リトルの全国大会で講演をする予定だ。

ぼくがリトルリーガーだったころ、障害をもちながらも野球をやっているということでリトルの月刊誌に取り上げられたことがあり、リトルリーグの協会からリトルの会長に「あの子はどうしているんだ?」と問い合わせがあったそうだ。

今は仕事の休みが合えば、リトルに教えに行くことがある。

技術的なことはあまりいわない。

まわりへの感謝の気持ちをもつことや野球の楽しさを伝えたいと思っている。

全国大会に来た子どもたちにも、そんなことを話して伝わればいいな。


高校野球を終えたとき、親や仲間はもちろん、グローブにも感謝の気持ちがわいてきた。

よく耐えたなって。

いろんな人の協力のおかげで高校では右手で捕球し、左手で投げることになったけど、グローブはすぐ使えるようにと軟式用でつくった。そのため皮が薄く、捕球すると痛かった。ポケットの辺りに穴は空いたけど、ひもは切れそうで切れなかった。

本当によく耐えてくれた。

つくってくれたメーカーの方にも、改良してくれたトレーナーの方にも感謝。

高校でも左手で捕球するスタイルでやっていたらどうなっていたのだろうか。

そんなことを思うこともありつつ、右手で捕球して左手で投げることで新たな可能性を見つけることができた。

工夫や努力で何でもできるんだ。

好きなことを続けられた。

高校野球でそんなことを学んだ。

ぼくの会社には、障害をもつ子どもと接する機会がある。

自分はまだ勤務の関係で参加したことはないけれど、障害をもつ子どもが、だからといってあきらめたりしないで、何事にも挑戦できるような環境をつくっていきたい。

なぜ人間は同じではないのか？　なぜ世の中は平等ではないのか？　なぜ持つ者と持たざる者がいるのか？

ある人によると、その答えは「みんなが同じだと危険だから」だそうである。人類という種全体として弱くなってしまうのだ。

たとえば、人間がみんな同じだと、同じウイルスにかかったとき、全員が病気にかかって死んでしまう。そうなると、人類の滅亡だ。

だから、人それぞれ違う性質をもつようになっている。すると、たとえ同じウイルスにかかっても、病気にならない人もいる。だから、人類絶滅を免れられる。

それだけではなく、普通と違う人は、その違うことを活かして、新しい何かを生み出したりすることがある。この話でいえば、たとえば新しいグローブの使い方を生み出したり、新しいバント処理の方法を生み出したり。

野球というのは、あるいは人間というのは、そういうふうにして進歩してきた。そんな、人それぞれの「違い」のことを、本当の意味での「個性」というのだ。

Story 7 もう一度

――強豪校に入学したものの、上級生と合わなくて野球がイヤになる

甲子園に行くためにその高校に入学した。

すばらしい設備もあって、仲間と切《せっ》磋《さ》琢《たく》磨《ま》し、いっぱい練習をして甲子園に行くんだという思いを抱けた。

また、ピッチャーとしての実力をつけてプロ野球選手になりたい。それができる高校だと信じて、そこに入学した。

だけど……現実はまったく違っていた。

入学早々、三年生がたった五人しかいないことを知った。

最初は二〇人以上いたそうだが、上級生の嫌がらせがあって、みんなやめてしまったとのこと。

あまりにひどい状態で、高野連からの警告もあったそうだが、それでも止まらず、自殺未遂をした選手までいたとか。

愕然《がくぜん》とした。

監督に優しく誘われたこともあり、そこまでよく調べもせずに入ってしまったけれど、なんてヤバイ学校に来てしまったんだろう。

実際、ぼくたち一年生は、上級生からの嫌がらせに苦しむ日々がはじまった。なんでこんなことをされるんだろうと感じる理不尽なことばかり。思い出すだけでも気分が悪くなるので、その内容についてはいまだ話したくない……。

野球では、入学してまもない春の大会で二ケタ背番号をもらうことができた。

大会では投げなかったものの、練習試合ではときどき投げさせてもらい、このままいけば、高校野球でも通用するという自信のようなものはわいていた。

でも、上級生からの執拗《しつよう》な嫌がらせに加え、監督からの〝しごき〟に近い練習、さらに、寮に洗濯機が四台しかなく、一年生は練習後や夜に洗濯ができず、一度寝て、夜中三時に先輩を起こさないようにそっと起きてそっと部屋を出て洗濯機を回すという苦しすぎる寮生活。

それが続いたことで、一年夏の終わりにストレス性胃腸炎になり動けなくなってしまった。

荷物は寮においたままで自宅に戻り、それからは毎日五時前に起きて二時間かけて学校に通う日々がはじまった。

体調がよくなったら練習に戻ろうとは思っていたものの、一向に治らない。

実力をつけるためにこの高校に来たのに、何もできないなんてくやしすぎる。病院の先生には「環境を変えないと治らないよ」と指摘され、八方ふさがりになった。

同じ学年の友だちが次々と野球部を去っていくなか、「なんでこんな学校を選んでしまったんだろう。もっとちゃんと調べて入ればよかった」と自分を責め、次第に、「もう野球はいいや。やめよう」と思うようになっていた。

そんな状況を両親はとても心配し、母は「学校の近くにアパートを借りて、そこでわたしと二人で暮らしながら学校に行ってもいいよ」とまでいってくれた。母はぼくが野球をしている姿を見るのが好きで、どうしてもやめてほしくなかったみたいだ。だから、母に「野球はもういい」という言葉を伝えるのがいちばんつらかった。

だけど、もう限界。

野球部をやめた。

それから少し経ち、冬の気配を感じはじめたころ、中学時代の野球チームを訪ねた。

「いろんなことがあって、自分には耐えられるだけの力がありませんでした。期待して送り出していただいたのに……申し訳ありません」とおわびした。

そのとき、ぼくがそのチームで三年間いっしょだった同級生・ショウの弟がチームにいて、帰宅後、ぼくのことを兄であるショウに話したそうだ。

ショウは、自分が通う公立高校の監督さんに「こういう友だちがいるんです」「いいピッチャーなんです」「もう一回彼と野球がやりたいと思っています」と話したようで、その監督さんから「一度連れてきてみろ」といわれたそうだ。

ショウから「もう一回オレといっしょに野球をやろうぜ！」「一度、ウチの練習見に来いよ」と誘われて、「もう野球はいい……」と思っていたけれど、ショウの強い気持ちに押され、その地元の高校の練習を見に行った。

するとそこには、自分の思い描いていた高校野球部の理想の姿があったんだ。

学年を超えて仲がいい選手たち、でも、練習になるとピシっと引き締まる。
練習中、監督さんもガミガミ怒るわけではないが、大事なことはバシッという。
そして、練習が終わると、監督さんは選手たちと冗談をいいながら談笑する。
厳しいなかにも楽しさがある。
ここならできる。
ここで野球がしたい！

もとの野球部の仲間たちからは、「行かないでくれ」「戻ってきてくれ」「お前がいなきゃ無理だ」などとメールをもらい、心が痛んだ。
また、「転校したら一年間試合に出られないんだぞ、ここに戻ってくれば試合に出られるんだぞ」ともいわれたけれど、ぼくは「試合に出られなくてもいい、いい雰囲気のなかで野球がしたい」と意思を貫いた。

三月いっぱいで学校をやめ、四月、地元の公立高校に転校した。

新しい学校はとても居心地がよかった。中学時代のチームメイトであり、ここに誘ってくれたショウが本当によくしてくれ、わからないことは何でも教えてくれた。先輩たちも、「よく高校をやめる度胸があったな」なんていいながらも、とてもかわいがってくれた。

半年以上も練習をしていなかったので、最初は練習についていくのは大変だった。それでも、毎日の疲れが心地よく、初めて「高校野球をやっているんだな」と実感することができた。

転校したら基本的には公式の大会に一年間出られない規定があるから、春の大会も、夏の大会も、自分の学年の代となった秋の大会も、スタンドから応援で少し複雑な気持ちだった。

一方、練習試合では監督さんがたくさん投げるチャンスをくれた。

三年春の大会デビューをめざし、徹底的に走り込んで体力強化し、毎日のように内野ノックを受けて体をしぼり、投げ込みを重ね、球速は一四五キロまでアップ。

野球が、本当に楽しい！


そして三年春、背番号「1」をもらった。そこで、それまでエース番号をつけていた選手がピッチャー兼ファーストになり、ファーストだった選手が控えにまわったので、ぼくとしてはつらい部分もあった。だけど、チームに勝利をもたらすピッチングをすることが報いだと思い、さらに練習を重ねた。


春の大会の一回戦はコールドで勝ち、二回戦がぼくのデビュー戦。

相手は、秋の大会で完封負けを喫した高校であり、球場も、試合開始時間も秋と同じという偶然。秋のときは、スタンドから応援することしかできなかったけど、「やり返すぞ！」。そんな強い気持ちで臨んだ結果……二対一で勝利。

仲間がすごく喜ぶ姿を見て、ようやくチームの一員になれた気がした。

心底、うれしかった。

個人的にも、一四二キロを出すなどプロのスカウトの方に注目していただけ、自信にもなったけど、その次の次の試合で甲子園常連校と対戦し五失点で負けてしまった。

最後の夏、再び背番号「1」をもらうことができた。高校一年の秋に野球をやめた自分が、高校三年の夏に、背番号「1」をつけてマウンドに立てるなんて……奇跡だ。誘ってくれたショウ、拾ってくれた監督、仲間として受け入れてくれた野球部の同級生、支えてくれた両親、みんなにいいところを見せたい！


そんな気持ちで迎えた大会は、チームが一丸となって戦うことができ、ぼくともう一人のピッチャーで交互に投げ、打線も活発で、一つ、二つと勝つことができた。

ベスト8をかけた試合は、私立強豪高校との対戦。ぼくは気負いすぎて序盤で交代してしまった。でも、そのあとをもう一人のピッチャーが抑えてくれ、三対二で勝つことができた。あらためて、野球は一人でやるんじゃないと、そう感じた試合だった。

次の準々決勝の相手も私立の強豪高校だったけど、その試合でぼくは完封！　高校初の完封勝利をあげることができた。試合後には初めて囲み取材というやつを受け、球場の外に出ると、大勢の人たちに囲まれた。少しだけ舞い上がった。

そんな心のスキもあってか、次の準決勝では二人とも失点してしまい四対七で敗戦。ぼくらの高校野球が終わった。

でも、目いっぱいやれた。思いきりやれた。最後まであきらめずに戦えた。ぼくらは「どんな結末になっても泣くのはやめよう！　最後まで笑っていよう」という互いの約束通り、ひとまず笑顔で高校野球を終えたのだった。

けれど、ショウに、「オレをここに誘ってくれてありがとう。お前のおかげでここまでこられたよ」と伝えたときは、こらえられなくなった。

さらに、ショウから「こっちこそ！　お前のおかげでここまで来られたんだよ、ありがとう！」といわれたときは、もう涙でボロボロだった。


球場を出ると、その日もみんなが待っていてくれて。母に「甲子園はダメだったけど、ここまで連れてきてくれてありがとう」といわれ、抱き合って泣いた。

中学を卒業したとき、家族に手紙を渡したのだけど、そこに「甲子園に連れていってあげる」と書いていた。母は、それをずっと大事にもっていてくれたということもそのとき聞いて、あぁ、野球をやめなくてよかった、三年夏まで野球をしてよかった、そう心から思ったんだ。


「甲子園」という目標とともに掲げていた「プロ入り」という目標、こちらのほうも〝候補〟までは行ったけど、〝指名〟にはいたらず、かなえることはできなかった。

ドラフトの日、くやしくて、くやしくて、帰りに泣きながらお母さんに電話したんだったな。でも、神様が「もう一度、大学で一からがんばってプロをめざせ」といってるんだとぼくは受け止めた。

高校野球、一度やめたらもうやり直しなんてきかないと思っていたけれど、大きな挫折《ざせつ》をしても、まわりのおかげで、そして自分も勇気を出したことでやり直すことができた。

弱かった自分がわずかでも成長できたかな。

そして今、大学では指導者にも仲間にも恵まれ、充実した日々を送ることができている。その仲間のなかには、最初に入った高校で仲のよかった友だちもいるんだ。あの苦しい環境で最後までやり抜いた彼と、耐えられなくて他の高校で野球をやった自分、再びチームメイトになったぼくらは「いっしょに大学野球の頂点をめざそう」と話している。

人はだれでも、「環境に順応しようとする習性」をもっている。これは、違ういい方をすれば「環境の影響を受けやすい」ということだ。

ただし、これには個人差がある。環境の影響を強く受ける人もいれば、逆にまったく受けない人もいる。

病気になる人というのは、どちらかといえば「環境の影響を受けやすい人」だろう。病気というのは、たいていその環境に順応しようとして、逆に身体が拒否反応を起こすため、かかるからだ。

そのため、多くの人は「環境に影響されない強さをもとう」と考える。しかしながら、病気になるほど環境に影響されやすいのなら、逆によい環境へ行けば、他の人より成長できる可能性が高い――ということだ。そこで、環境に影響されない人より伸びることができるかもしれない。

環境に影響されやすい人は、そういう利点にも目を向けてもらいたい。そうして、思いきって環境を変えることの勇気をもってほしい。

Story 8

オヤジを乗り越えるために

——甲子園のヒーローだった父の息子として生きる

もの心ついたとき、オヤジはまだ現役の野球選手だった。

プロではなく、大学を経て、社会人野球の選手としてバリバリ活躍していた。

オヤジと同じ背番号が入った小さなユニフォームを着せられて球場に行くと、チームのみんながオレをかまってくれた。

オヤジは、高校時代に甲子園で優勝もしている。キャプテンもしていたし、甲子園のヒーローだったそうだ。

小さいころのオレは、オヤジのことをいわれるのはすごくうれしかった。お父さんはスゴイんだと思っていたし、その子どもであるオレもスゴイと思っていたから。

でも、小学生になって野球をはじめると、なんかモヤモヤするようになってきた。

とにかく、どこに行っても「お前のオヤジはな」という感じで話をされた。なかなかオレ自身のことは見てもらえなくて、だんだんいい気はしなくなっていった。

小学四年生のときだったかな、オヤジが県外の高校野球部のコーチをすることになり、その高校の寮に住み込むことになった。妹と弟はまだ小さかったから、母と家に残ることになった一方、オレには選ぶ権利が与えられ「どっちといっしょに暮らすか決めていいぞ」といわれた。

どうしようかな……。迷ったけど、オレはわりと小さいころからオヤジと行動することが多かったし、オヤジがコーチをするその高校を見に行ってみたら、寮の隣りには室内練習場があって高校生のお兄ちゃんたちがいろいろ教えてくれそうだった。

野球をする環境がとてもいいなと思い、オヤジについていくことにした。

学校を転校することになったし、少年野球チームも移ることになったけど、それもまた楽しそう！

そんな軽い気持ちだった。

それが両親の離婚の結果だとは、そのときはまだ、知らなかった。

こうしてはじまったオヤジと二人の寮生活。夕飯は寮メシをいっしょに食べさせてもらい、朝はオヤジが用意してくれたものを食べる。夜は室内練習場に行って野球の練習をして、そのあとは、寮のだれかの部屋に行ってはお兄ちゃんたちに遊んでもらっていた。そんなときは楽しかったけど、ごくたまに母親や妹たちがいる家に遊びに行くと、帰り際がとてもさびしく、毎回泣いていた。

六年生のころ、離婚したことがわかる書類を見つけてしまった。

「あーそうなのか」。いや、「やっぱりそうだったのか」。

離婚自体はもう、どうでもよかったのだけど、ちゃんと話してもらえていなかったことにさびしさを感じた。

オレのなかで、何かがプチっと切れた気がした。

中学に入ると、シニアに入って本格的に野球をするようになった。どこに行ってもオヤジの話題をされるのはあいかわらず。そのたびにちょっとイラッとして顔に出ちゃったり。「いつしか、オヤジを超えてやる！」「オヤジがなれなかったプロ野球選手になってやる！」――そう思って今まで以上に練習をがんばるようになった。

一方、オヤジが夜飲みに行っているスキに、オレも寮をこっそり抜け出し、夜遊びをするようになった。オヤジに見つかり締め出されたこともあった。それでも遊んだ。

朝は必ずオヤジに起こされて、「ちゃんと学校に行け！」と寮を出されても、学校にまっすぐ行かず、公園でタムロってから学校に行ったり。オヤジが遠征でいないときは、学校に行かない。そのたびオヤジには厳しくいわれたものの反省することなく、オレの歯車は狂いはじめた。

成績はオール1、遅刻は年間一四〇回ぐらい。問題児になっていった。

ただ野球だけは真剣にやった。チームではセカンドとして好守備を見せ、打順も二番か六番を打つ主力。野球さえやっておけば勉強できなくても高校に入れるはずだ……けど、中三になり、まわりの選手が高校から誘いが来るなか、オレにだけは声がかからない。きっと、オヤジの母校か、オヤジがコーチをしている高校に入ると思われたんだ。


オレは、オヤジの母校に行けばますます比較されるのはわかっていたから、行きたいとは思っていなかった。でも、自分が行きたかったいくつかの高校は、成績が悪いことなどの理由で却下されてしまい……。オヤジの母校の監督さんは「その成績でも取ってやるぞ」といってくれて、結局、そこを受験することになった。オヤジもオレに母校に進んでほしかったようだから、その夢をかなえてあげたいとも思い、最終的には自分の意思で決めた。

ところが、いざ受験をしたら落とされてしまった。「面接のときの態度が悪い」という理由。

オレとしてみたら、〝ふつう〟にやったつもりでも、髪は長いし眉毛も細くて薄いし、制服の着こなしもヤンキーが入ってる。〝ふつう〟じゃなかったんだろうな。

自分が全国制覇をして名をあげた高校に息子が落とされる、という屈辱。そのときのオヤジの落胆ぶりといったらなかった。「お前が悪い」と怒られて、「ごめん」と謝りたおした。だけど、「〝ふつう〟の家庭で育っていたら、こんなふうにはならなかった」。だれかのせいにしたくて、心のなかでそう叫んでいた。

高校、どうするか……。

オレは甲子園に行きたかったから、野球が強いところに行けないなら高校なんていかなくてもいいと思っていた。「働くよ」といったものの、オヤジは、「高校は卒業しておけ！」と、地方の野球が強い高校の話をもってきてくれた。その春のセンバツ甲子園にも出場を決めていた高校。

二次募集で受験をすると、今度は合格することができた。

そうしてはじまった地方の高校での生活。野球の練習は真剣にやっていたけれど、学校はヤンチャなヤツの集まり、オレも悪いヤツらとつるんで、学校で荒れまくった。

授業中にいきなり大ゲンカしてみたり、校内でタバコを吸ったり。電車に乗ればキセル、何かを食べに行けば食い逃げ、〝カゴダッシュ〟という名の万引きもした。

でも、なんだかんだで野球は真剣にやっていたたし、同学年ではオレがいちばん力があったし、試合でも使ってもらえていた。

がんばれば甲子園に行けるんじゃないかな。

ところが、高校二年になって、あまりにもいたずらがすぎ、学校を退学にさせられた。

退学ってことは……その時点で、野球も終わり。

野球しかなかったオレが、いちばん大事な野球を奪われ、すべてが終わったと思った。ショックすぎて、大泣きしながら学校で暴れた。職員室に抗議にも行った。

でも、当然ながら覆ることはなかった。

そこまで野球が大事なら、なんでそんなことをしたんだって後悔したけれど、中学時代はいくら学校生活や普段の生活態度が悪くても、シニアでは試合に出してもらえていたから、なんとなく高校でも大丈夫だと思ってしまっていたんだよな。でも、高校は退学になったら当たり前ながら野球部にだっていられない。甘かった。

退学の知らせを聞いて、急いでオレのところにかけつけてくれたオヤジには、最初はすごく怒られた。だが、その後、あきらめたみたいで静かになった。

そして、オヤジと二人でワンワン泣いた。

もう野球を見たくもなかったから、オヤジのところではなく、母親のところに帰った。しばらくはバイトをしながら今後どうしようっていう生活。

そんな矢先、オヤジから「高校だけは卒業しておけ」と通信制の高校の資料などが送られてきた。

「面倒くせーな」とも思った一方、自分でも探して、自動車関係の勉強をしながら高卒の資格が取れる学校があることを知った。学費は高いけど、車やバイクの勉強をして高卒になれるのならそこがいい。「入りたい」とオヤジに伝えた。

そのあたりからかな、どんなに道を外しても失敗しても、オレのことを考えてくれ、ちゃんと学費を出して面倒を見てくれるオヤジとおふくろに心から感謝しはじめたのは。心の奥底で、「オレにいわないで離婚しやがって」「さびしい思いさせやがって」とつぶやきつつも、離婚しても、オレのことを考えてくれる両親に恩返ししたいと思いはじめた。

少し心を入れ替えて、一年でその高校を卒業。その学校の系列の大学も卒業した。大学の四年間で自動車整備の資格としてはいちばん上の、一級自動車整備士の国家試験にも合格。

いちおう、〝手に職〟ってやつもつけた。さらに、無事に車のメーカーにも就職することができた。

「高校だけは卒業しておけ」といい続けてくれたオヤジのおかげだった。

野球のほうは……一時期、見ることさえもイヤになり遠ざかっていたけれど、小さいころからかわいがってきた従兄弟《いとこ》が甲子園に出場したときに、見に行った。スタンドから見た甲子園球場はとてもでっかくて、吸い込まれそうだった。

大観衆のなかで活躍する従兄弟を見て、うれしい思いの反面、くやしさも込み上げてきて自然と涙が出た。

ここでやりたかった。
オヤジが活躍したこの甲子園に出たかった。
オヤジにその姿を見せたかった。

自分を悔いても、もうときは戻らない。
こんなすごいオヤジの息子に生まれてきてしまったことがイヤで、何かとオヤジを引き合いに出すまわりの人もイヤで、親が勝手に離婚してさびしい思いをするのもイヤで、いつもだれかのせいにしてきたけれど、結局は、オレ自身が弱かったんだ。

そして今、自動車整備士として働きながら、今後は車を売る営業マンになることをめざして勉強している。

野球でオヤジを超えるにはプロ野球選手になるしかないと思っていたけれど、それはできなかった。それならば、仕事でオヤジを超えるしかない。

キャリアでオヤジを超えてやる!

それが現在のオレのモチベーション。


今になって、これまでオヤジがやってきたことのすごさを感じているし、まわりの人たちがオレにオヤジのすごさを伝えたかった意味もわかるようになってきた。

オヤジが、今も、夏の暑い日も冬の寒い日も、選手たちを甲子園に連れていこうとグラウンドに立ち続けていることも心より尊敬している。


オレは甲子園には行けなかったが、オヤジには、教え子たちとともに甲子園に行ってほしい。

それを、あの広い甲子園のスタンドから応援することが、オレの夢。

オレは自動車業界の営業でトップになれるようにがんばろう。

なかなか照れくさくて口に出してはいえないけれど、それが散々迷惑をかけまくったオレが、親にできる最大の恩返しなのかなって思っている。

ユニフォームを着てるオヤジの背中がカッコよくて好きだ。

オヤジの息子でよかった。

私たちは、何かイヤなことがあると、ついだれかのせいにしがちである。この話にあったように、親のせい、環境のせい、時代のせい。

もちろん、それはほとんどの場合で正しい。人は、親や環境や時代に大きな影響を受ける。

だから、もしあなたにイヤなことがあれば、それは、あなたのせいである場合はほとんどない。それは、たいていは他のだれかのせいなのである。

しかしながら、変わらないのは、たとえだれかのせいで起こったとしても、その嫌なことは、他ならぬあなた自身に起こる——ということだ。

あなたの人生は、あなた以外だれのものでもない。そのイヤな人生を、他人になすりつけることはできないのだ。

だから、私たちはイヤなことをだれかのせいにしている暇はない。

親や、環境や、時代が悪かったら、それを嘆くのではなく、あなた自身が変えなければならない。私たちにできることは、それしかないのだ。

Story 9

悪いことがあったあとには

――一年間対外試合禁止処分を受けるが、処分軽減のためにがんばる

あれは、セミがミンミンと鳴きまくる真夏の日……。

その夏、ぼくは二年生ながら強豪高校のキャッチャーとして先輩たちと甲子園をめざしていたのに、県大会三回戦で敗戦。先輩たちが大泣きしながらぼくらにあとを託してから二週間後の八月、監督さんがみんなを集めて神妙な顔で話をはじめた。

内容は、その年の五月、ぼくらの学年の部員数人が下級生にいじめをしたと。その下級生の保護者が学校に通報し、学校が高野連に報告をしたとのこと。そして、今、処分を待っている状況だというものだった。

監督さんは話を続けた。

「いじめはあってはならんことじゃ。絶対にいかん」「ワシは自粛《じしゅく》することになった。お前たちにもこれから処分があるだろうが、背筋を正してやっていこう」「悪いことが起きたあともがんばっていけば、今度は必ずいいことが起きる」と。

そのとき自分たちは、まだコトの重大さに気づいていなかった。

監督さんはそれから少しして体調をくずされ、入院。新チームの副キャプテンだったぼくは、八月の終わりにコーチやキャプテンらと見舞いに病院に行ったけれど、もう話ができる状態ではなかった。

それから一週間後、監督さんは息を引き取った……。
あの日が監督さんの最後のミーティングだったなんて。

ぼくが小さいころに、監督さんは全国制覇を成し遂げ、ずっとあこがれていた。ぼくは小・中と野球をがんばって、ついに県内ナンバーワンキャッチャーといわれるまでになり、そのあこがれの人に誘っていただけたときは本当にうれしかった。

いっしょに甲子園に行きたかった。胴上げもしたかった。

あまりに悲しく……葬儀では、泣きながら棺をもった。

それから約二週間後、悲しみにくれるぼくらに追い打ちをかけることが起きた。

放課後、野球部のメンバーが食堂に集められ。そこにやってきた校長先生が神妙な顔で話してきたのは、高野連からの処分について。

なんと、〝一年間の対外試合禁止〟という重すぎるものだった。

絶句した。

「今年の八月二日から、来年の八月一日まで対外試合禁止ということは……え、甲子園をめざせないの?」

目の前が真っ暗になった。まわりを見たら、みんなぼう然として泣きくずれている。

ぼくも涙がわーっと出てきて止まらなくなった。校長先生は「ワシらの力がなくて申し訳ない」と頭を下げていたけれど、耳には入ってこない。

泣きながら食堂を出て教室に移動。そこでみんな号泣。椅子を蹴飛ばして八つ当たりするヤツもいた。ぼくも、この気持ちをどこにぶつけたらいいかわからなくて、ただただ泣き叫んでいた。

小さいころからあこがれ続けてきた甲子園。

ユーチューブで甲子園のファインプレーの動画を見ては、「いつかこんなプレーをするぞ」とずっと思ってきた。

一年夏には先輩たちが出場した甲子園でボールボーイをさせてもらい、「今度は絶対選手としてここに来るぞ」と誓ったのに。なんで、なんで。

ぼくらはめざすことさえ許されないの？

チームの同級生グループのラインでは、不祥事の張本人になった同級生数人から「ほんまに申し訳ない」と謝罪の言葉が入ってきた。彼らに怒りをぶつけることもできたけど、怒ったところでもうどうにもならない。もう、このユニフォームを着て試合ができないということがショックすぎて、責める気力さえなかった。

それから一〜二週間は、何もする気も起きなかった。ごはんも食べられない、夜も眠れない。学校にはなんとか行き、三日後に再開した野球部の練習にも行っていたけれど、何をいわれても上の空。

甲子園をめざせないなら、もう野球はやめようか。

そんなある日、同級生の一人が、ある記事を持ってきた。それは、一〇年ほど前に不祥事で一年間の対外試合禁止の処分を受けた高校が、ボランティア活動などを精力的にすることによって処分が軽減され、夏の大会に出られたというものだった。

ぼくらは「まだチャンスがあるかもしれない」とめちゃくちゃテンションが上がった。真っ暗闇に一筋の光が差し込んだのだ。

みんなで相談し、まずは学校周辺の清掃活動からはじめた。

さらに範囲を広げ、市内のいろんな場所を掃除したり、老人ホームを訪問しておじいちゃん、おばあちゃんがやってほしいということをしたり。

他にも、自分たちで考え、いろんなボランティア活動をした。

学校生活も、授業中にだれかが眠くなったりしたら、野球部員同士で起こし合って集中したし、提出物や宿題も声をかけ合って完璧にやった。

そんなことを続けているうちに、近隣の人たちが、ぼくらを大会に出させてあげたいと嘆願書《たんがんしょ》を集めてくれた。学校の先生方も、「今までの野球部は野球さえやっていればいいような顔をしていたのに、みんなが変わってきた」と味方になってくれるようになったんだ。

ぼくらは、亡くなった監督さんの言葉〝野球人である前に、しっかりとした高校生であれ〟という言葉を思い出し、それを夏まで貫いていけば、もうひとつの監督さんの言葉通り〝悪いことが起きたあとは、きっといいことがある〟。

そうなると信じて本気でがんばった。

とはいえ、〝試合〟という目標がないぼくらが、そのモチベーションを保つのは、容易なことではなかった。〝夏がある〟と信じて、冬場も例年と同じキツイ練習メニューをこなしていたが、「大会に出られるかわからないのに、なんでこんなハードな練習をしなきゃならないんだ！」「なんでこんなに走らないといけないんだ」とだれかが練習中に泣き叫ぶのだ。自分だってほんとは泣きたかった。

なんのためにやってるんだ。

本当に苦しい。

そんなつらい冬が過ぎ、春休みに入るとセンバツ甲子園がはじまった。同じ年の選手たちがあこがれの甲子園で試合をする姿を目にするのはすごくきつかったけど、でも、あえてテレビ中継を見た。試合ができないからこそ観戦することで、「こういうピッチャーが来たらこうやって打っていこう」と考えたり、「夏は絶対ここでプレーするんだ」とイメージをもち、気持ちを奮い立たせ、練習の励みにしたのだ。

春の大会が終わり、「もし処分が軽減されるならこのタイミングだろう」とささやかれたりもしたが、そんな話はいっこうに来なかった。

五月が終わり、六月に入ってもない。

そして夏の県大会抽選会前日、ぼくら三年生は雨天練習場に集められた。目の前に立った先生（新監督）は、言葉を発する前に、目に大量の涙を浮かべ……。

「大会には出られない。お前らを夏の大会に出してやることができなくて、ほんまに申し訳ない。監督さんが亡くなって、ワシも監督になったばかりで力がなくて」

弱い姿を見せたことがなかった先生が、顔をグシャグシャにしていた。
最後まで話を聞く前に、みんな号泣していた。
ぼくらの夏が終わったな、ぼくらの高校野球が終わったなとそのとき思った。

あとから学校で聞いたのだが、先生は、いろんな方に頭を下げてまわってくれたり、大阪の高野連まで足を運んでいろいろしてくれていたそうだ。

そんななか、校長先生や先生が、ぼくら三年生に、引退試合を用意してくれた。
県大会のメイン球場を借りて、七月初めに三年生同士の紅白戦をやるとのこと。ブラバンも、チアも、クラスの友だちも球場に呼んで、本番さながらの試合にしてくれると。「よっしゃー！　いいプレーしてやろうぜ！」という気持ちになった。

この代になってやれた試合は、不祥事発覚前にやった練習試合通算七試合のみ。

ブラバンやチアの応援のなかでは一試合もやったことがなかったから、その引退試合が楽しみになった。

そうして迎えた引退試合。学校のみんなだけではなく、父母兄弟に祖父母なども大勢来てくれた。本番さながらに行われた試合はとても白熱し、ぼくがいたチームが二対一でサヨナラ勝ち。

試合終了のあいさつ後、全員がホームベースのところに横一列に並び校歌を歌うと、いろんな思いが込み上げてきて、自然と涙が出てしまった。まわりをみたら、仲間もみんな号泣している。これが甲子園を決める試合だったらよかったのに……とも思ったけど、たぶん、みんな「やりきった」という気持ちでいっぱいだっただろう。

そんなぼくらに、校長先生がこう声をかけてくれた。

「九月からずっと続けた清掃活動、ボランティア活動、心打たれました。そんな君たちを大会に出させてあげることができなくて、私に力がなくて申し訳ない」

そして、自ら用意してくださったという、個人の名前が入ったメダルを、一人一人にかけてくれた。

全員で全員を胴上げすると、最後の最後に、一人の選手がスタンドに向かって叫びました。チーム内でいちばん遠方から来ている選手が、この試合を見にわざわざやってきた母親に向かって「お母さん、今までありがとーーー!!」と。

その姿を見て、ぼくらはまた涙がぶわーっとあふれ、スタンドにいた保護者のみなさんも、号泣していた。

こうして、ぼくらの高校野球は本当に終わった。

いじめをしてしまった六人のうち二人は学校をやめたものの、四人は学校にも部にも残って反省の日々を送りながらがんばっていた。彼らに対して「あんなことをしなければ」と思ったこともある。でも、彼らがその後、心を入れ替えてグランドの手入れや練習のサポートなどを必死にやる姿をぼくらは見ていたから、最後までいっしょにがんばれた。

まわりからは「一年間対外試合禁止の原因をつくった張本人たちとその後もいっしょなんて、できないやろ」とか「憎らしくないのか」「お前ら器が大きいな」といわれまくった。でもぼくらは、「そいつらも仲間」としか思わなかった。

だから、この一九人で終えられてよかったって――。

それと、ここまでできたのは家族のおかげというのもとても強い。甲子園をめざせなくなってからも、変わらず支えてくれたし、毎日温かいごはんを用意してくれた。

引退試合の夜、家族でお疲れさま会をしてくれて、オヤジにもオカンにも二人のアニキにも、「こんな状況のなか、よく最後までがんばった」とほめてもらえて、半泣き。みんなの前で泣くのは恥ずかしかったので、部屋に戻って涙を流した。

高校三年間、他の人では味わえないことをたくさん味わえた。試合ができるありがたみも知ったし、甲子園だけが高校野球のすべてじゃないってことも心から感じる。悔いがないといえばウソになるけど、この悔いはこれからの人生の糧《かて》にしたい。

高校での戦績が何もないから、大学で野球を続けるのも難しいかとも思ったが、ありがたいことに関東の大学で野球ができることになった。

ぼくだけじゃない、一九人中一六人が大学で野球を続けるのだ。

みんなの思いはひとつ。これまで応援してくれた家族や学校関係者のみなさんに、大学野球をがんばることで恩返しをしようって。

もちろん、亡くなった監督さんにも見ていてほしい。

関東に旅立つ前に墓参りをして、監督さんに「これからも見ててください!」と伝え、空を見上げたら、監督さんがスマイルを見せながら「おう、がんばってこい」と。

監督さんの「悪いことがあったあとにはきっといいことが起こるぞ」。

その言葉を信じて、またゼロからがんばっていこうと思う。

高校野球は、はじまってからおよそ百年。そのなかで、いろいろなものが変化してきた。

しかしながら、変わっていないものもある。それは、高校野球は野球をする以前に、まず人間を育《はぐく》む場所である——ということだ。教育の場、ということである。

だから、教育が果たされていないときは、甲子園行きが閉ざされることもある。しかも、チームプレイだから、その責任はチーム全体におよんでしまう。

そういう理不尽を、まだ若い高校生に押しつけるのには反対だ——という人もいるだろう。しかしながら、そういう理不尽は、大人になればいくらでもある。

だから、それを高校生のうちから体験しておくことは、悪いことではないと思う。むしろ、若いうちに経験することで、より多くのことを学べるのではないだろうか。

この話からわかるのは、たとえどんな理不尽のなかにあっても、希望は必ず見出せる——ということである。そして、たとえその希望がかなわなかったとしても、それに向かって前進した日々というのは、けっして色あせることがないのだ。

Story 10

野球部を見ていきませんか？

——小中学生で野球をやっていなかったがマネージャーとして日本一をめざす

これまで野球をやったことがなかった。

ただ、野球が好きだった。

でも、地元の少年野球チームに入っている学校の友だちからは、いつも「今週はぼくのお母さんが父母会の当番なんだよ」なんて話を聞いていて、お母さんが大変だと思ったので、チームに入りたいとはいえなかった。

ぼくには妹が二人いて、妹はまだ幼稚園生と二歳児だったから、もし野球チームに入ったら、ぼくの送り迎えもしなくちゃいけないし、お弁当もつくらなきゃいけない。

そしたら、お母さんの日曜日の時間がなくなってしまう。

だから、そんなことはいえない。

それでも、野球をやっていた友だちがまわりにたくさんいたし、平日に授業が終わると公園に集まって野球をしたり、雨になれば、だれかの家に行って野球のテレビゲームをして楽しんだ。

中学生になって、野球部に入りたかったけど、野球部はなかった。それでほかの運動部に入って、さらに三年生で生徒会長にもなって生徒会活動がメインになった。

三年で進学希望を考える時期に、ぼくは留学制度のある高校をいくつか選んだ。

当時、仲がよかった友だちが、小学生のときにヨーロッパに住んでいて、その友だちに異国の話を聞いているうちに、外国に興味をもつようになってたから。

自分も海外に行ってみたい！

なので、地元の公立校もいくつか考えながらも、県内の私学の説明会にも行くことにした。そこは、アメリカで三週間の留学制度があったからだった。

説明会がはじまる一時間前に母と到着して、校内をいろいろと見てまわっていると、野球部のグラウンドを見つけた。

グラウンドは、近くにある歩道橋の上から、全体を見渡すことができる。そのときは、まだ練習がはじまったばかりで、一〇〇人くらいの部員たちがそろってウォーミングアップをしていた。

すごい迫力だった。声もそろっているし、足もそろっている。

これが、高校野球の練習なんだ！

とにかく感激した。

いつも、野球はテレビで見るだけ。実際に練習を見るのは、これが初めて。すると、

「野球部を見ていきませんか？」

そう部員に声をかけられた。ぼくはあわてて、

「野球をやったことがないので、ここで見ているだけです」

と答えた。

それから、学校説明会のあとに、もう一度、野球部の練習が見たくなって、階段を上がっていったら、今度は、ノックやバッティング練習が行われている。

見ているだけで、とても楽しくて、しばらくそこにいると、

「野球好きなんですか？　下に降りてきて、練習見たらどうですか？」

また別の部員に話しかけられた。

その部員さんと少し会話をした。ぼくは野球は好きだけど、野球はやったことがないということ。もし、ソフトボール部があれば、そちらのほうでプレーしてみたいということ。すると、

「よければ、うちの監督に会っていかない？」と誘われたのだ。

野球部の監督といえば、怖いイメージしかなかった。

「いいえ、大丈夫です！」と懸命に断ったんだけど、「ちょっとそこで待ってて」と、その人は今度は本当に監督を連れて階段の上まで上がってきた。

「野球やったことないの？」

と、監督に聞かれ、あせりながらもなんとか気持ちを落ち着けながら答えた。

「はい、でも野球は好きです。プロ野球や高校野球はテレビで見たりしているんです」

そしたら、監督は、自分たちのチームはこういうことをやっていて、こんな活動も

していてと、いろんなことを教えてくれた。その後、「もう少し話をしよう」といわれて、応接室にぼくとお母さんは通された。

監督と話しているうちに、とても素敵なチームだなと感じた。

部員の方たちのあいさつも、ただあいさつをするってわけじゃなくて、一語一句、「こんにちは」と心を込めてしてくれたり。ぼくはこのチームに惹かれた。

監督はいった。

「このチームでマネージャーとして、いっしょに日本一をめざさないか？」

え？　ぼくが野球部のマネージャーに？

おどろいていると監督は言葉を続けた。

「少し、考えてみてくれ。もし、やる気があるんであれば、いっしょにめざそう」

うれしかった。

マネージャーって、高校野球の漫画では、何かを運んだり、練習の手伝いをしているけど、ぼくがやるマネージャーってどんなものかな？　野球にかかわれるならうれしいな。でも、ユニフォームの着方すら知らないし、不安もある。あの集団のなかに入ることができるなら、やってみたい。けれども、ぼくは、そのときは、何もいわなかった。

もし、野球部に入るのであれば、お母さんとしっかり話してからだって思ったんだ。

小学校四年生のとき、お父さんを亡くしていたから。もし、私立に行くなら、いろいろとお金もかかりそうだし、お母さんを困らせないようにって。

学校説明会の帰り道。お母さんはいった。

「監督さん、よい方だったね。あんたが、社会に出たときにも困らないように、三年間しっかり教えてくれる存在になってくれると思うよ」

そうだ。今まではまったく将来のこと考えてなかったけど、監督もそういっていた。

「もしキミが、野球部に入って、社会に出て行っても、絶対に困らないように指導していくよ」と。

それから、気になっていたことをお母さんに聞いてみた。

「そういえばさ、そう思ったのはぼくだけかもしれないけど、あの監督さん、お父さんに似てなかった？」

お母さんは笑った。

「私も、そう思ってた」

やっぱりそうだったんだ！　顔も似てるし、しぐさも似てる。

なんだか不思議な感覚だった。


その高校の推薦入試で無事に合格して、その後、監督と直接、もう一度話をした。

野球をやったことがないぼくが、ついに野球部に入ることが決まったんだ！


そのうえ、高校で留学することが夢だったから、最初に会ったときに監督は、

「他の国の文化を知ることは大切。社会に出てからも、その経験は生きてくるのでぜ

ひ行ってきなさい」と応援してくれた。実際に、ぼくは入学後に、八〇名の希望者のうち、三〇名の選考を突破して、アメリカに三週間留学することができた。

それは、とても貴重な経験になったけど、やっぱり三年間でこの野球部より得たものは、もっと大きな糧《かて》となった。


生まれて初めての野球の練習着に袖を通して、あこがれの野球部のグラウンドに立った。

入部前にいちばん心配だったことは、選手たちとの関係だ。

野球未経験なので、たとえば、選手に何かをいったとき、

「野球やったことないのに、なんでお前にそんなこといわれなきゃいけないんだよ」

と反抗されたり、そういう態度を取られたりしたら、どうしようって。

入部して以降、覚えることがたくさんあったものの、つらいって思ったことはなかった。野球部を訪れるお客さんの対応から、グラウンドの整備のやり方。用具庫の管

理など、マネージャーとして絶対に知っておかなければいけないことを、少しずつ覚えていった。

お客さんへの対応のなかで、とくに骨が折れたのは、敬語だ。

毎日、目上の人と話すことが多いので失礼のないように正しい話し方を身につけなくてはいけないし、初対面の方がいらっしゃるため、顔と名前をちゃんと覚えていかなければいけないのにとても苦労した。

もちろん、お客さんへの対応だけでなく、選手への対応も最初のうちは大変だった。

次の練習メニューを選手に伝えるタイミングも難しくて、まだキャプテンが練習している最中に伝えてしまって、練習のじゃまをしてしまうこともあった。でも、選手たちに反発されたことは一度もなかった。

そんなある日、監督のコーヒーを淹《い》れていたら、

「少しは慣れたか？」と監督が声をかけてくださった。

「次に何をすればよいのかわからなくて、まだ慣れてないです」と答えた。

そしたら、監督は、

「俺はこれからも、お前に厳しいことをいうと思う。コーチも同じだろう。それを『なんでいわれなきゃいけないのか？』と思うのか、『ありがたい』と思うのかで全然違うんだぞ。

怒られたり、強くいわれたりするのはイヤかもしれないけど、それはダメなことじゃないんだ。二～三年経ったら、あのとき、いわれてよかったなって絶対思えることがある。そう思って、少しずつでもいいので、マネージャーとして成長していこう」

そして、監督はそれを「風邪薬といっしょだ」とわかりやすく説明してくれた。子どもが飲む薬は甘いけど、ぼくらが飲む薬は苦い。でも、効果がある。

だから、指導者の方や目上の方からの言葉も薬だと思って、前向きに受け止めよう。

そして、高校二年生の夏。あと一勝で甲子園出場！

先輩たちなら絶対に甲子園に行けると思ったのに、一〇点以上の差をつけられて負けた。本当にくやしかった。

それでも、「うちのチームは強い！」と改めて思えたし、マネージャーになってよかったと心から感じられた。

新チームがスタートした。

いちばん上の代になると、マネージャーとしてもぼくの役割は少し変わって、今までよりもさらに、キャプテンといっしょにチームをまとめる立場になった。でも、ぼくたちの代は監督に迷惑をかけることも多くて、しばらくはキャプテンが決まらなかった。

マネージャーとして何をしたらいいいんだろう？

秋の大会は県大会初戦で負けた。

どうにかしなくちゃいけない。ぼくたちは監督と練習ノートを交換することにした。

これは、監督とノートを通じて会話ができる大切なツールとなった。

ぼくは、その日、言動が気になっていた選手のことを書いたり、日々、選手に対して気づいたことを記入するようにした。そんなぼくの問いに、監督は毎日アドバイスをくれた。ときには、監督が「そういうとき、お前はどう思う？」と記してくれて、ぼくも「自分はこういう見方をしています」と書いたり、一日一ページの監督の言葉を手がかりにして、選手たちに対して働きかけていくうちに、チームも少しずつまとまりはじめた。

年末の恒例の冬合宿では、「三泊四日で一二三キロ走りきる！」という目標をチームで立てて取り組み、全員が最後まで走り終わったときは、「やっとひとつのチームになれた！」と思った。ぼくは水分補給の準備をしたり、トレーナーの方とルートを相談したり、ケガをしている選手の面倒を見たりして、選手のサポートに徹した。

最終日は監督の車に乗って、ゴールのある山の頂上まで行って、選手たちの到着を待っていた。みんながゴールして、一二三キロを走りきった瞬間は本当に感動した。

帰りのバスで、キャプテンに、「合宿終わるの早かったね」と話しかけた。

「そうだね。一年生のときは、もっと長く感じたんだけど」

「そうなんだよ。なんでだろう？」と答えると、キャプテンは、

「ぼくたちの代になって、やっとチームとしてまとまったからかな？」と。

「ぼくもそう思ってた」

そうだ！　やっぱり、ぼくたちは、この合宿でひとつになれたんだ。

こうやって、みんなでひとつのゴールに向かってやりきったことは、すごくうれしかった。こんな思いも初めてだった。


春の大会を終えて、ぼくもマネージャーとしてやっと、まわりを見ながら動けるようになってきた。練習中に監督やコーチが集まっていたら、「あ、次はメニューが変わるのかな？」と準備をしたり、試合中でも、次に起用される選手の予測もできるようになっていった。

それは、家でも同じだった。

今までは、お母さんに「洗濯物、たたんでしまいなさい」といわれてから、しまっていたり、「食器を洗いなさい」といわれて、ようやく洗っていたけど、食事が終わ

って、すぐに自分から洗い終われば、他にも何か家事ができるんじゃないかなって思うようになった。

野球経験者のマネージャーと比べれば、自分の成長は遅かったのかもしれない。それでも、監督にいわれた言葉を胸に、少しずつ日本一のマネージャーになれるように取り組んできた。

そして、三年生最後の夏がやってきた。

初戦は、五月の連休で練習試合をして、一対二で惜敗した相手だ。そんなに力の差はない。絶対に勝てる。初戦のベンチには、同じ学年のもう一人のマネージャーが入って、ぼくはスタンドより見守った。

初回に点を取られるとそのあとも加点されて、〇対五のまま八回を迎える。

試合を見ながら、これまでの自分のマネージャーとしての行動を反省していた。

もっと早くチームがまとまるように動いていたらよかったな。あのとき、もっと緊張感をもって動いていたらよかったな。これまでの練習のことが一気に思い出されて、不安でたまらなかった。それでも信じていた。いつも、終盤で逆転しているのを見てきていた。絶対にこの後に逆転できる！

あきらめたくない！

でも、試合は最後まで見届けられない。この日は第一試合だったので、試合が終わったらすぐにベンチから荷物を出して、球場を出ないといけない。ぼくやスタンドにいた部員たちは、球場から荷物を出す準備をしにベンチ裏に向かった。

球場のなかで、荷物を運んでいると、歓声が聞こえた！

ぼくは思わず、ベンチの裏から、グラウンドをのぞき込む。ぼくたちのチームが、一点を返していた！　やった！

だけど、反撃はそこまでだった。相手チームの喜びの声が聞こえて試合が終わる。

試合後、三年生の仲間たちに、たくさん声をかけられた。

「今日勝って、次の試合の記録員で、お前をベンチに入れさせたかった。ここで負けてしまってごめんな」

「もう少し長く、お前といっしょに高校野球がやりたかった」

そういって、みんな泣きながら、ぼくに抱きついてきた。

今まで、野球をやったことがなかったぼくのことを、みんながマネージャーとして、受け入れてくれたことがうれしかった。


荷物を積み終わって、マネージャーとしての仕事も終わって、帰りのバスに乗った。

バスのなかのテレビでは、他の高校の試合が流れていた。さっきまで、忙しくて引退したことを実感できなかったけど、試合を見ているうちに涙がこぼれてきた。

みんなとこれまで高校野球をやってきた毎日の思い出が次々に浮かんでくる。

学校に到着するまで、ずっと泣いていた。


学校に帰ってきて、監督が「来てくれ」というので、駐車場までいっしょに荷物を運んだ。

歩きながら、監督は「早かったな」とつぶやいた。

「今日の試合は練習試合で負けたときのパターンと同じじゃなかったか？」

「はい、そうでした」

そう答えるだけで精一杯だった。

本当は、もっと監督に伝えたいことがいっぱいあった。

本当の日本一のマネージャーにはなれなかったけど、ぼくはぼくなりに、監督のもとで、日本一のマネージャーになれたって思っています。そんなこと、思っていいのか、わからないけど。でも、監督のおかげで、そこまで成長することができたって思っています。そう伝えたかった。

でも、このときは、言葉にならなかった。


半年が経った。

ぼくたち野球部は、毎年一月に、三年生の卒部式を行う。そのとき、三年生は一人ひとり、監督から記念品をステージの上で手渡される。

自分の番がやってきた。

監督はぼくの目を見て、こう話した。

「お前の父親がわりに、完璧になれなくて、ホント悪かったな」


ビックリした。

そんなことない。

だって監督のことを第二のお父さんだと思っていたから。

でも、監督がそこまで、考えていてくれたなんて。


そこで、これまで伝えられなかった思いをやっと伝えることができた。

「監督と出会っていなければ、こんな素敵な一三四人の仲間に出会えなかったですし、大好きな野球に携わることができて、本当に感謝しています。進路も最後まで見ていただいて、本当にありがとうございました」

一年生の最初に監督にいわれた言葉も、もう一度、みんなの前で話した。

高校を卒業したあとも、大学の硬式野球部のマネージャーとして、野球に携わり続けることに決めた。

ぼくの人生を一八〇度変えてくれた監督。

すべては、あの学校説明会での出会いからだ。

そういえば、あの日、なんで先輩はぼくに監督を紹介をしてくれたのか？

あとになって知ったのだが、先輩は、どうやら監督にこう話したらしい。

「監督、今、あそこで練習を見ている子なんですけど、野球をやったことないみたいなんですが、一度会ってみてもらえませんか？　初めて会った人にあれだけ話せる中学生なんて、なかなか、いないと思うんです」

もしも、あのとき先輩が自分を見つけてくれていなければ、この学校に入学していたとしても、今とはまったく違う価値観で物事を考えていたと思う。先輩にも、とても感謝している。

そして、ぼくの運命を変えてくれた、高校野球にも。

人には、だれにでも「向き不向き」がある。野球でも、もちろんうまい選手もいれば、そうでない選手もいる。それどころか、野球がしたくてもできない人もいる。

だけど、野球の面白いところは、そういうプレーをしない人でも、チームにかかわれるところだ。たとえば、今のプロ野球は、選手に対し、裏方の数は、その二倍から三倍にものぼるという。マスコミなどの報道関係者や、球場など施設の職員も含めれば、その数はさらに増す。

野球をはじめ、スポーツというものは、これからの社会においてますます重要な存在となっていくだろう。そこで必要とされるのは、選手と同時に、そのスポーツを支えてくれる裏方の存在だ。そんな裏方の存在が、これまで以上に求められる時代がやってきたのだ。

高校野球も、それは同じである。今後は、選手と同じかそれ以上に、裏方の存在が勝敗を分ける時代になるだろう。ぼくが『もしドラ』やその続編である『もしイノ』で裏方を主人公にしたのは、そういう確信があったからだ。

Story 11

いつもあと一歩

――もう少しのところで、なかなかベンチにすら入れない

高校時代は本当につらかった。くやしいとかじゃなくてつらかった。

小さいころからあこがれていた高校だった。その高校に入りたいがために、小中学生のころは、その高校出身のOBが監督をやっているクラブチームに所属し、全国大会でも上位に行くことができた。

そこまでして、入った高校でぼくはエースになるどころか、なかなかベンチにすら入れない。

箸《はし》にも棒にもかからないなら、まだあきらめもつくけど、いつもあと一歩だった。ベンチに二〇人入れるなかで、いつも二一から二四番目。そんな感覚。

じつは一年生の秋は、背番号「18」をもらえた。でも、大会前日に「背番号をもらうときの声が小さい」と監督に叱られ、「18」は他の選手へ。ショックだった。

すぐにお母さんに電話したら、すでに背番号を縫いつけてくれていた。それを別の選手が着て、試合に出た……。

チームは勝ち上がって甲子園に出たけど、ぼくはアルプススタンドで応援。グラウンドに立てないくやしさはあったけど、「ここからがんばったろ」という気持ち。勝負はここからだって。


そのモチベーションに比例するように、調子もどんどん上がっていき、五月には、再び一軍に上がり好投。手応えはあった。

エースはまだ無理とはいえ、正直「この夏のベンチ入りは大丈夫やろ」と思っていた。

でも背番号発表の日。

最後に名前を呼ばれたのは、一年生の投手。

信じられなかった。

大会前最後の練習試合で、その一年生が九回の一イニングをピシャッと抑えていたから気になっていたものの、練習試合でもたくさん投げさせてもらっていたし、まさか自分が選ばれないとは。

ここでぼくの高校野球への情熱はなくなってしまった。

その夏は甲子園には出られず、いつもより早く新チームが始動した。ぼくらの代が最上級生のチーム。

でもぼくは、何も練習しなかった。体幹トレーニングするといって、マットに寝転がっているだけだったり、ダッシュしに行くといって、陰で休んでいるだけだったり。

どうせ、また、うまいこと使われて大会直前に外されるんやろ――。

監督への不信感しかなかった。

そんな状態だから、たまに使われても結果も出ず。今思うと、わざわざ私立の高校に入れてくれた親には申し訳なかったけど、最後の一年はそんな状態。

ベンチ外部員による引退試合が、最後の大会前にあって、「これで野球は最後」と、親を呼んだ。

そこで三者連続三振を見せられたし、まわりの部員は「なんでお前がベンチにも入れないの？」と気にしてくれたものの、心は晴れない。

最後の夏、スタンドで応援はしていたけど、夏休みに何して遊ぶかしか考えてなかった。

くさりきっていたぼくに、親友のリュウスケが声をかけてきたのは、八月だった。中学時代のクラブチームからの仲間で、何でも話し合える仲。

「大学で野球やらへんの？」と聞いてきた。

野球はしたかったけど、しょせん高校でずっとベンチ外だったオレが、大学でやるのははずかしいと思っていた。

でもリュウスケが「オレは附属の高校からそのまま大学に上がるから、そこでいっしょに野球やろ！　神宮（全国大会）めざそうや！」といってくれて、ふんぎりがついた。公務員になりたかったぼくには、ちょうどいい学科があったことも決め手だった。

なのに、入試の三日前、「ごめん、別の大学に行くことになった」とリュウスケから電話があった。

「マジかよ」とは思ったけど、もう願書も出していたし、リュウスケは特待生として別の大学に行くようだったから、しかたない。そして、「大学は違うけど、神宮行きを決める代表決定戦で勝負しようや」と約束も交わした。

大学に入った当初はおどろいた。

専用グラウンドもないし、部活動よりバイトを優先する選手も多かった。

これで「神宮狙う」とか、いっちゃあかんやろ……。

でも大学の監督は、そんな環境でも熱心に指導してくれていたし、かつてはプロ球団にドラフト指名され、それをけって、大学、社会人のトップレベルで戦ってきた方。

この人についていけば、なんとかなるかもしれん——。

ぼくは、バイト優先の空気に流されながらも、一年秋から公式戦の登板機会をもらった。

そして、ぼくらの一学年上の先輩たちがチームを変えてくれた。

主将の先輩が、「平日のバイトは週二日までにして、無断での遅刻や欠席は厳禁」というルールをつくった。まあ、こんなルールができるのもはずかしいんだけど(笑)。

またぼく自身も、投手リーダーの先輩から「下級生から投げているお前が、なんでそんなもんしか練習しないんや」と厳しく叱ってもらった。

こうしてチームもぼくも変わった。

冬はメッチャ練習した。

このときがあったおかげで、才能がだんだんと花開いてきて、ひと皮むけることができたように思う。

迎えた三年の春は、創部史上初のリーグ優勝を果たした。その後の代表決定戦では負けてしまったものの、チームは確かに変わった。

秋は投打がかみ合わず四位に落ち、また前の雰囲気に戻りそうになるピンチもあったけど、去年のことを覚えているから、ぼくらの代の主将がみんなを一喝《いっかつ》して、またチームがひとつになれた。


四年の春もリーグ戦優勝。

そして迎えた全国大会進出をかけた代表決定戦。

なんと相手はリュウスケのいる大学だった。

まさか入学前の約束が、ここで実現するなんてとビックリ。

リュウスケの進んだ大学は強かったけど、ぼくの大学がここまで来るとは、正直考えられなかった。

試合は、ぼくがリュウスケとプロ注目の打者を抑えて、まさかの優勝。

もう何か信じられない気持ちでいっぱいだった。

大学まで野球を続けてよかった。

試合後には、リュウスケが泣きそうな顔でやってきて、「神宮がんばれよ」って背中をたたいてくれた。


まだまだ成長できる――。

社会人でも野球をやろう。

ぼくにとって全国大会は就職活動だ。そんな決意で臨んだ。

最初、マウンドの硬さが合わなくて初球から七球連続ボールという立ち上がりで、まわりを心配させたけど、自分のなかでは不思議と「いつものこと。これを乗りきればイケる」と落ち着いていた。

そうして初回を切り抜けると、その後は面白いように相手打線がぼくの術中にハマってくれた。完封なんて意識するとダメだと思い、九回二失点くらいを目標にしていたけど、まさかの完封勝利。全国常連校、しかも過去のオープン戦では〇対二一で負けた相手だった。

翌日の二回戦も先発。でも高校時代はベンチ外だったから、二日続けての先発なんて人生初。結局は六回三失点でチームも負けてしまった。くやしさはもちろんあったものの、おどろいたことに、過去にはプロ野球選手なども受賞している「特別賞」を受賞することができた。


また、こうして大学で活躍しているなかで、高校時代の監督がリーグ戦を見に来てくれたり、全国大会で完封した際もラインで祝福してくれた。

当時は憎しみのような気持ちを抱いていたが、今そんな感情はまったくない。

素直にうれしかった。

こうして大学でも野球をがんばれたのは、高校時代のくやしさがあったから。「ぼくが使われなかった理由」は、まだ聞けていないけど、感謝している。

ぼくは社会人で野球を続ける。

親友のリュウスケはプロ野球選手になることを夢見て独立リーグへ。

しばらく対戦しなくなるが、いつかプロ野球の舞台で対戦したい。


ぼくと同じ境遇の人はたくさんいると思う。

納得できていない気持ちやくやしい気持ちがあるなら、エースだろうと、ベンチ外であろうと、野球を続けてほしい。

そうしたメッセージをぼくが活躍することで、伝えていきたい。

「人は変われない」とよくいうが、嘘だ。それは、ぼく自身の人生をふり返ってもそうだし、この話を読んでもわかる。人は、変わることができる。

ただし、それには条件がある。ひとつは、自分を変えてくれる「環境」と出会うこと。もうひとつは、自分を変えてくれる「人」と出会うこと——である。

つまり、人間というのは自分からは変われない。同じ環境、同じ人のなかでは、どんなに変わろうと努力しても、まるで効果がない。

しかし、違う環境、違う人のなかに入ると、いとも簡単に変われる。そこでは、とくに努力や苦労をしないでもすむ。

だから、もしあなたが変わりたいのだったら、環境を変えることだ。あるいは、会う人を変えることだ。

もうひとつ、あなたがだれかによって変われるということは、他のだれかは、あなたによって変われる——ということでもある。あなたは、変わりたいと思っている他のだれかを、変える力をもっているのだ。

Story 12

背番号「1」

――強豪校のエースになり、甲子園出場をかけていよいよ決勝戦を迎える

ぼくは、中学二年の終わり、二〇一一年の三月に、インフルエンザ脳症という病気になった。インフルエンザの菌が脳に入ってしまって入院。あの、大地震の日にMRIを撮る検査。しばらく生死をさまよっていたそうだ。

その後、なんとか意識は取り戻したものの、記憶をなくし、中学の野球部の監督さんがあいさつに来てくれてもだれだかわからなかったそう。病室でテレビをつけても、感情もなく、笑うこともしない。

両親は、このまま戻らなかったらどうしようと心配していたそうだ。

だけど、父がぼくにグラブとボールを渡したら、ぼくはしっかりグラブを左手にはめ、ボールを右手で握り、そして、グラブにパンパンとボールを投げ込んだ。

だから、両親は「きっと大丈夫。この子には野球があれば記憶も少しずつ戻っていく。体もきっと戻っていく」と確信したそう。その通り、徐々に快復していった。

それから五カ月が経った中学三年の八月、ぼくは中学の全国大会のマウンドで投げていた。やはり、野球があったから快復が早かったようで、予選を勝ち抜いて全国大会出場。そこでも好投し、全国ベスト8に入ることができた。

その大会の帰り、チームで甲子園球場に寄った。たまたまその日は夏の甲子園の決勝戦。スタンドは試合前から熱気に包まれ、試合がはじまると、吸い込まれそうな気持ちになるほどスタンドはうねりをあげていた。

甲子園ってスゴイ……でも、そのときは別世界すぎて遠く感じた。

その後ぼくは、地元の強豪高校に入学することを決めた。甲子園の常連で、何度か全国制覇をしたこともある強豪。プロ野球選手も多く輩出している。それに、その高校の選手たちのガタイ、ユニフォーム、どれも魅力的であこがれたからだ。

無事に入学はできたが、練習初日に先輩とキャッチボールをしたとき、レベルの違いを痛感した。球の伸びがスゴかった。

これが〝球が来る〟というものなのか！

その後、ぼくは一年生ながらシート打撃などで投げさせてもらうようになったけど、先輩たちには気持ちよく遠くに飛ばされてしまう……。抑えようとして投げても、すぐに火だるま。バッティングピッチャーになってしまうんだ。

でもまだ一年生。今、基礎体力をつけておけば、きっと力はつく。

そう思って、走る練習やウエートなどは一切手を抜かずに取り組んだ。志願して走る量を増やしたり、練習後にも残って練習したり。次第に、体つきも変わってきたし、体力も、パワーも、体のキレもよくなっていった。ちょっとずつだけど、三年生相手に投げても手ごたえを感じられるようになっていった。

そんなとき、先輩たちが、春の甲子園で優勝した高校と練習試合をした。結果は引き分け。ぼくはその試合には同行していないけれど、あとからビデオを見て「今の三年生ぐらいの力をぼくらの学年もつければ、甲子園に出て、そこで優勝だってできるのかもしれない」。

そのとき初めて甲子園を近くに意識できた。

だけど、「すごく強い」はずの三年生が、その夏、地区予選の準決勝で負けて甲子園に行けなかった。

力があっても行けるかどうかわからないのが、甲子園なのか……。

思いがけず早くスタートした新チーム。最初は二番手か三番手投手だったぼくだけど、秋の大会では背番号「1」をもらうことができた。

この高校で「1」をもらえるなんて、とすごくうれしくなったけど、大会では投げる機会がないまま、早々に負けてしまった。大事な試合で登板させてもらえないということは、監督さんの信頼が得られていないんだな……と、力不足を痛感した。

だが、そこはまだまだ試練の入り口に過ぎなかった。

二年春、再び背番号「1」をもらいベスト4まで進んだものの、準決勝でふがいないピッチングをしてしまい三回途中で降板。試合はなんとか勝てたけど、試合後、監督さんに「ここ最近で、背番号1がこんなに似合わないピッチャーはいなかった」といわれてしまった。

くやしくてくやしくて……。でも、こんなピッチングをしている以上、いわれても仕方ない、認めるしかない。自分が成長するしかない。

監督さんは、翌日の決勝戦でぼくにもう一回チャンスをくれ、先発をさせてくれた。

「恥をかいてこい！」「自分の実力を確認してこい」と送り出され、ぼくは延長一一回を投げ抜き完投勝利。打たれながらも粘り強く投げ、勝利に導いたことで監督さんから初めてほめていただいた。「やればできるじゃないか。そうやって精神面をもっと表に出していけよ」と。

その通り、精神面で成長したのかと自分でも思ったのだけど——。

夏の大会で、また失敗してしまった。

ベスト8をかけた試合、大事な場面で打席に入ったぼくはゲッツーを食らい、それを引きずったまま次の回のマウンドに上がってしまったんだ。投げるリズムが悪かったこともあって、バックの選手……とくに、ぼくと同じ二年生が次々とエラー。

逆転負けを喫してしまった。

上級生からは「お前たち二年生がいたからここまで来られたんだよ」といっていただいた一方、監督さんからは「お前らの代が三年生の高校野球を終わらせたんだ」と。

すごくきつくて……くやしすぎる一言だった。

先輩たちに「お前らの代では絶対甲子園に行けよ」とあとを託され、秋こそ勝ってと思っていたけれど、ぼくは大会前のオープン戦で左足を骨折をしてしまった。「ケガをしてる場合じゃないだろう」と自分を責めたけど、あとの祭り。手術をし、全治二カ月という診断で、秋の大会は投げることができず……。チームも本大会初戦でコールド負け。春のセンバツ甲子園が消えた。

それからというもの、ぼくは今まで以上に野球のことしか考えない生活をするようになった。背番号「1」をつけるエースである以上、チームを背負う責任がある。ピッチング練習もバッティング練習もバント練習も、体力づくりも徹底的にやり、練習後にはウエートもやる。家に帰れば食事もしっかりとり、ゆっくり体を休める。

すべては、結果を出すためだ。

すごく根気がいることだったけど、仲間に勇気づけられた。どんなに失敗しても、どんなに監督さんにボロクソにいわれてもへこたれず、前向きにがんばり続けるヤツがいて、そいつの存在がぼくにはでかかった。

もうひとつ。一学年上のキャッチャーで、一年間バッテリーを組んできた先輩が、ドラフトでプロから指名された。その先輩からいわれた言葉も大きかった。

「お前の目標は何だ？」と聞かれ、ぼくは思わず「プロ野球選手になりたいです」と答えてしまったのだが、先輩には「個人の目標をあげるってことは、お前はまわりを見ていない証拠だな」と指摘された。

「エースであるお前が個人の目標を口に出してるようだから、チームが強くなっていかないんだ。お前が周囲をしっかり見て、まわりに声をかけたり、まわりを鼓舞したりして、チーム全体が力をつけていけば、お前だって成長できるんだ。

野球は団体スポーツだってことを忘れるな」

そうだ。自分が成長していけばいいと思っていたけれど、野球はそういうスポーツではなかった。一丸となって戦うスポーツ。そこに気づいてから、ぼくはまわりにたくさん声をかけるようになった。アドバイスもするようになったし、よくないところを指摘するようにもなった。それからは、チームとしてもぼく個人としても、急速に力をつけていけたような気がする。

春の大会はベスト4。夏の大会でも、春の準決勝で敗れた高校にもリベンジをすることができ、ぼくらはいい状態で決勝戦を迎えることができた。

準決勝までは「負けたらどうしよう」と考えていたけれど、決勝になったら、負けなんて考えなくなった。「勝ったら甲子園だ!」「やるしかない!」という前向きな言葉がみんなからポンポン出てきた。ぼくも、初回のマウンドに上がるとき、スタンドを見渡す余裕もあったし、変に落ち着いているというか、すーっと試合に入れた。

そして六回まで相手打線をゼロに抑え、味方が中盤に取ってくれた三点を、あと三イニングで守りきれば甲子園、というところまで来た。

七回表、ヒットと四球で一死一、二塁のピンチを招くと、相手の一年生打者に大きな飛球を打たれた。ぼくはレフトフライだと思い、タッチアップに備えて三塁のベースカバーに走ったけれど、相手スタンドの異様な盛り上がりに気づいてその打球の先を眺めたら……その打球はレフトフェンスを超えていた。

ウソだろ……。

でもまだ同点。その裏、味方打線が一点を勝ち越してくれたが、直後の八回表、四対四の同点に追いつかれてしまう。これまで学んできた通り、気持ちを切り替えて後続を断ったのだが、四対四のまま延長戦に突入すると、一〇回表、一死からヒットと三塁打で重い一点を献上。その裏、三人で攻撃は終わり、甲子園が消えていった。

試合後、頭のなかではその試合の一回から一〇回までの映像のようなものがずっと流れていて、相手校の監督さんのインタビューがはじまったところで、ようやく「あぁ、負けたんだな」と理解することができた。

監督さんの最後のミーティングがはじまった。監督さんは、めったに選手をほめることなどなかったので、「お前ら、ここまで来て何してるんだ」「情けない試合をしやがって」。そういわれるに違いないと思っていたのだけど……監督さんはぼくのことをみんなの前で名指しし、こういった。

「お前は、いいエースになったな。エースらしいエースになった」

ぼくは、それを聞いて、今まで我慢してきたものがプチっと切れ、抑えていた涙がわーーーっと一気にあふれてきた。

監督さんは続けた。「他のピッチャーがもっとがんばってくれれば、エースにこんな負担はかからなかったんじゃないか。エース一人に背負わせることはなかったんじゃないか」と。

ぼくは、エース番号を背負う選手は、どんなときでもマウンドを守り続ける、そんな意気込みでやってきた。だけど、真夏の長い大会を勝ち抜くには、やはり一人じゃ厳しい。正直いうと、大会序盤など、だれか他の投手に投げてほしい試合もあった。

そんな試合でも投げて、投げて、投げ抜いてきたことが、大会終盤……最後の決勝戦で疲れとして出てしまったのかもしれない。

もちろん、打たれたぼくの責任なのだけれど。

そんな思いを監督さんが代弁してくださり、ぼくは涙がとまらなくなってしまった。

あの冬、先輩がいっていたように、やはり野球はチームで戦うものだったんだ。

また、高校野球は、家族をはじめとしたまわりの人たちの支えあってできるものだということも痛感した。苦しいとき、つらいとき、どこにも当たることができず、家でキツく当たってしまったときでも、いつも受け止めてくれたのが両親。

思い起こせば三年半前、ぼくが生死をさまよったとき、グラブとボールを授けて記憶を呼び戻してくれたのも両親だった。ありがとう。

今年で、あの病気から五年が経つ。東日本大震災からも五年が経った。ぼくはあのとき、意識がなくて、地震が起きたことも、その後、どんなふうになっていったかもわからない。でも、今、こうして生きている。野球も元気にすることができている。また次に進むこともできる。

甲子園には行けなかったけれど、今度は大学での優勝、そして、高校ではかなわなかった大学JAPANをめざしてがんばっていきたいと思う。

だれにとっても、人生の分かれ道――というものがある。そのうちのひとつに、「他人から注意されたとき、どう対処するか」ということがある。

他人から注意されたとき、どういう態度を取るかによって、その人の人生は大きく変わる。

そこで、それをはねつけたり、聞き流したりするのか。それとも、真摯《しんし》に受け入れ、反省するのか。

これは、逆の立場になって考えてみてほしい。もしあなたがだれかのことを注意するとき、あなたはその人のことをどう思っているのか？

きっと、あなたとは無関係の人には注意しないだろう。その人のことを本気で考え、ときには嫌われてもいいという覚悟をもっているからこそ、わざわざ注意するのではないだろうか。

成長できる人というのは、必ずそばに、そういう注意してくれる人がいるものだ。

それに気づけるか気づけないかで、人生は大きく変わるのである。

Story 13

農園係

——中学時代はグラウンド脇での農作業をするのがやっとだったが

お父さんにいわれるがままに、このリトルシニアのチームに入った。

小学五年生のときだった。

でも、中学一年のころに正式に入部してから一年間くらいは、練習に参加すらできなかった。

なぜか熱を出したり、具合が悪くなっていた。

ここのチームは、すごく都会らしい名前のチームだけど、練習場があるのは郊外の何もないところ。土曜と日曜は宿泊をしなくてはいけなかった。

それが嫌だったのか、体が拒否反応を示していたようだ。

もちろん、やめたい気持ちもありつつも、親や監督、コーチが「そんなのもったいない」というので踏みとどまった。

とくにお父さんが「ここでやめたら後悔する」と強くいってくれた。

お父さんは昔、野球をやっていたので、厳しかった。

中学一年の終わりころから、ようやく練習に参加できたぼく。

だが、今度は肩のケガをしてしまう。

せっかく練習できるようになったのに……。しかも肩のケガだから、足腰や他のところは元気なのに、「野球」ができないのがもどかしかった

そんなぼくに監督やスタッフの方が、グラウンドから遠ざからないように、役割を与えてくれた。

それが「農園係」だ。

まずは雑草を全部抜くところからはじまり、そこを耕して畑にした。

当時は「（農園会社の）社長！」と呼ばれていた（笑）。

でも、そうやってぼくに負い目を感じさせないように、いじってくれたおかげでチームから離れることもなかったし、体力的にも下半身に力がついた。

中学二年の秋からは、投手として試合でようやく投げるようになった。

大会は一、二回戦負けが多かったけど、野球の楽しさをようやく心から感じられた。

もちろん練習は厳しかった。

今思うと、まともでないような練習もあって……。

その最たるものが「無限・馬跳び」。

練習後、グラウンドにボールが落ちていると、一個につき広いグラウンドの端から端まで一〇往復。モノを大切にしなかったぼくらが悪いとはいえ、一年間だと結構なボール数になる。それを年末の練習で清算。

延々とただ何時間も馬跳びしかしない。途中で休憩タイムはあるけど、食事の時間は交代交代で抜けていくだけで、そのあいだもずっと続けていく。

翌朝は、布団から起きようとしても筋肉痛で起き上がれなかった。


あとは「酸欠トレーニング」。

雨の日になると、合宿所の部屋で窓やふすまを閉め切って、酸素の薄いなかで筋力や体幹を鍛えるトレーニングをする。

普通のチームだと「雨でキツい練習なくなってラッキー！」かもしれないけど、ぼくらは雨になると「マジか」と本当に憂鬱《ゆううつ》だった。

そんな厳しい練習ばかりで、普段の練習も夜一〇時くらいまであった。

トレーニングはもう全部つらかった。

けれども、最後までやりきるということを覚えた気がする。

途中で逃げ出しちゃいけないとか、そういうところ。

高校への合流前日だって、平気で夜八時まで練習があった。

さすがに今日くらいは早く終わるだろうと思っていたぼくが甘かった。

でも、中学では「農園係」なんて呼ばれてついていくのやっとだったぼくは、都内のだれでも知っているような強豪校に入学できたのだ。

しかも、まったく不安がなかった。他のチームから入ってきた選手には、何か勝っているような自信があった。

シニアの監督が常々、「ウチは高校で野球をやめない率ナンバーワンのチームだ」とぼくらにいっていて、その意味がわかった気がする。

さらに、中学時代の一年半、まともに野球ができなかったぼくが、強豪高校でエースにまでなった。

高校三年間も苦しかったものの、中学時代より精神的にキツい練習はなかった。

高校では甲子園には行けなかったけど、細かい技術や、質の高い練習を積んで技術をつけることができた。

今のぼくがあるのは中学時代に鍛えられた精神力と、高校でのそういった教えがあったから。

とくにぼくが中学で野球をやめようと思っていたときに止めてくれた指導者の方、そして父には、心から「ありがとう」といいたい。

そして、野球を続けることで恩返しをしていきたい。


ぼくが高校でエースになったこと、シニアのときの監督はそれだけでもおどろいていたけれど、ぼくには新しい夢もできた。

大学で初めて東北に行くのだから、強い気持ちもいっしょにもっていく。


プロ野球選手になるんだ――。

そして、そのときまたこのグラウンドに来て、心から「ありがとう」と伝えたい。

また、農作業もやりたいかな（笑）。

今、「厳しさ」の意味があらためて問われている。

昭和の時代は、厳しいことが当たり前だった。そこでは、おかしなこともいっぱいあった。たとえば、「練習中に水を飲んではいけない」という考え方。これは、脱水症状になって死の危険性すらある。あるいは、「ウサギ跳び」というトレーニング。これも、力がつかないうえに、膝《ひざ》を痛める危険性が高い。

そうやって、厳しいトレーニングがどんどんと減っていった。今では、負荷の少ない、合理的なトレーニングがほとんどだ。

しかし、そういうふうに理不尽な厳しさがなくなると、今度はなかなか人が育たなくなった。人間というのは厄介で、理不尽なくらいの厳しさがないと、なかなか本気になれない。何かに成功した人が必ず口にするのは、「あの厳しい時代があったからこそ、今がある」という台詞《せりふ》だ。

今、昔のように単純な厳しさは認められない。だけど、厳しさがなくなることも、やっぱり問題だ。だから、新しい価値の「厳しさ」が求められているのである。

Story 14 あきらめない

——女子マネージャーとなるが、その野球部は部員一人、マネージャー一人だった

なんで野球部のマネージャーになったのか、自分でもよくわからない。甲子園に行きたいとか、もっと強いチームになるようにみんなを支えたいとか、そんな大きな夢をもって入ったわけじゃない。けれど、友だちが野球をやっているのを見ているのは好きだった。プロ野球とか高校野球とかは観戦してなかったけど、中学のときは試験の合間に、友だちが公園で野球をすると聞けば、「私も行く」と、よく練習を見に行っていた。

でも高校に入ったら、小学生でやっていたソフトボールをまたやろうかなって思っていた。なのに、私が入学したとき、ソフトボール部は同好会になっていて部員もゼロだった。

そのあと野球部の練習を見に行って、マネージャーをやろうと決めた。

自分でも不思議な決断だった。

入部したあとは、まわりの人たちに、

「なんでマネージャーになったの？　部員五人しかいないのに」とよく聞かれた。

ひとつ理由をあげるとしたら、監督の言葉に背中を押されたのは事実だ。

「もし、このチームにマネージャーがいたら、もっと強くなる。マネージャーの力って大きいんだぞ。だから、お前にやってほしい仕事はたくさんあるんだ」

私を必要としてくれてるんだ。

なんだかうれしかった。私でも、なにか貢献できるのかな。

そのときに、マネージャーっていいかも！　と思った。

それからは、毎日、ランメニューやボール回しのタイムを計ったり、ノックのときにボールを渡したり、部室の掃除もした。練習後のグラウンド整備も手伝った。入ったときは、三年生の先輩四人と二年生の先輩一人だけで、人数も少なくて、整備の時間が長くかかってしまうから、一人でも多くいたほうが整備も早く終わるかなと思って、小学生のとき以来のトンボがけもした。

でも、選手たちとは話せなかった。作業しているときは、私はいつも無言。やっぱり野球部の先輩って、そんな気軽に話しかけられない存在だったし、私自身、すごく人見知りだったから、選手たちの会話に入ることなんてできなかった。

夏の大会前には、選手たちに何かしたいと思って、裁縫は苦手だったけど、お母さんに手伝ってもらいながらユニフォームの形のお守りをつくった。

「ありがとう」とみんな喜んでくれた。

私たちのチームは選手五人だけだから、部員が少ない他の高校との合同チームで試合に出場したものの、一対三で負けてしまった。先輩たちは泣いてた。

私は、ひたすら「お疲れさまです」とねぎらうことしかできなかった。

帰り道、先輩選手たちは私をごはんに誘ってくれた。

これまで一度も誘われたことがなかったから、この日、「マネさんも、いっしょにおいで」といわれてビックリした。

ごはんを食べながら、先輩は私に聞いた。

「そういえば、なんでマネージャーになったの？　人数少ないのに」

「人数とかは関係なくて、やりたいって直感的に思ったんです」と答えると、

「そっか、でもマネさんが入ってくれて、すごく助かった。野球部に入ってくれて、ありがとう」

いつも、全然話さなかった選手たちから、そういわれて、

「マネージャーやってよかった」と思った。


翌日から、新チームがはじまった。

三年生の先輩たち四人が引退してしまって、残ったのは、二年生の先輩一人と私の二人だけだ。二人だけで、野球部どうなっちゃうんだろう？　と心配した。

先輩とは全然話せなかったし、練習のときも選手は一人しかいないから、以前のような練習もできなくて、正直あまり楽しくない。

練習といえば、監督と先輩だけでキャッチボールしたり、監督が学校の仕事で忙しくて来られないときは、私が先輩にティー打ちのトスを上げたりもした。

でも、会話はない。

先輩も私に、何か頼んでくることもあまりなかったし、だんだん、部活に行くのがイヤになった。


「今日も練習かぁ」

マネージャーとしてのモチベーションは完全に下がっていた。だから、授業で課題が出ると、放課後は課題をやることにして、練習に行く時間を遅らせるようにした。

でも、教室が使えるのは一七時半まで。それからグラウンドに行くと、先輩が一人で壁当てをしている。ときには、一人ぼっちで素振りしてるときもあった。

そんな先輩を見ると、「あぁ、逃げちゃダメだな。先輩も練習やってるから、私もちゃんとやろう」と思った。

そう、私しか、先輩の練習の手伝いはできないんだ。私がいれば二人になるし、練習できるメニューももうちょっと増える。だからがんばって、部活に行こう！


それから秋になって、先輩とはあいかわらず会話はできなかったものの、私は毎日部活に出るようになっていた。

そんなある日。毎年、生徒会執行部の選挙が行われる時期になって、私は冗談で友だちに「生徒会やろうかな」と話してたら、その会話を監督に聞かれていて、「お前、やる気ある？」といわれた。監督は生徒会の顧問もやっていて、じつは先輩も一月から生徒会に入ることに決めていた。監督は、「野球部二人しかいないから、二人とも生徒会に入ったら、野球部のＰＲになるかもよ」と。すごく迷った。

生徒会っていえば、生徒のなかでもエリートがやるような印象があったし、私が入っていいのかな？　人前で話すのは苦手だし……。でも、野球部のＰＲになるなら！と、生徒会に入ることに決めた。

本当に野球部のＰＲになったかどうかわからないんだけど、生徒会に入ったことで、先輩との関係に大きな変化が生まれた。

これまでは二人きりだとまったく話せなかったのに、まわりに五人とか一〇人とか知っている人がいると、先輩ともだんだん話せるようになってきた。

グラウンドのなかでも前は、「あ、はい」とか、会話にもなってなかったのに、徐々に練習中も会話ができるようになった。「次は、あの練習しますか？」と私から提案できるようになったし、先輩からも、「次はこの練習するから、手伝ってくれる？」と声をかけてくれるようになった。

何より、私のことをずっと「マネさん」と呼ぶだけだった先輩が、いつの間にか名字で呼んでくれるようになった。やっと、マネージャーとして、部員として、認めてもらえたのかな、私のことを受け入れてくれたのかなって、うれしくなった。

冬の練習は楽しかった。

秋の大会も、三月の春の大会でも、私たちのチームは他校との合同チームで大会に出場してたから、夏は合同チームじゃなくて、絶対に自分のチームで試合に出たい！とこのころから強く思うようになった。

だから、四月になったら新入部員を入れて、チーム登録できる一〇人集めて単独で試合に出るんだ！

四月、監督から、中学時代に野球をやっていた一年生のいるクラスを教えてもらい、昼休みにまわって、野球経験者の子に一人ひとり声をかけていくことにした。

「行きましょう！」と、先輩といっしょに行くんだけど、先輩は緊張して全然話さない。「でも、私ひとりじゃ無理だから、ついてきてください！」と、毎日のように先輩と一年生のクラスをまわった。

このころには、先輩とはようやく本当に仲よくなっていた。

だけど、新入部員の勧誘は、うまくいかなかった。

「野球部の練習に体験でいいからちょっと来ない？」

何度も何度も声をかけるんだけど、

「ぼくは、もう野球はやる気ないんで」なんて断られてしまう。


あせった。

このまま部員が増えないと、単独で試合に出られないどころか、同好会になってしまう。そしたら、本当に大会に出られなくなっちゃう！

イヤだ、私の代で廃部にさせたくない！


毎日、家に帰って、「あぁ、今日もまた、断られた！　私、こんなにお願いしてるのに、なんで伝わらないの？」と悩んでいた。

監督からは、

「とにかく声をかけるしかないよ。じゃないと何もはじまらないよ」と、背中を押されては、部員集めに奮闘した。その気持ちが通じたのか、グラウンドには少しずつだけど、一年生の子が練習を見に来てくれるようになった。

四月の時点で、一年生五人が入部してきてくれて、これで先輩を合わせて六人になった。

チーム登録まで、あと四人！

あとは、夏の出場登録までの残された期間でできることは、「助っ人」を集めることだ。

すでに何度も声をかけていた野球経験者の一年生に、今度は、「助っ人でもいいから、試合に出てくれない」とお願いした。

「人数がそろわないと試合に出られないから」と勧誘を続けて、陸上部とバドミントン部、帰宅部の一年生三人と、写真部の三年生一人が助っ人として参加してくれることになって、これでなんとか登録ギリギリの一〇人がそろった。

これで単独で大会に出られる！

それでも、部員が集まったことは、大会に出るうえでのスタートにすぎない。

監督は、一週間に一度、練習試合を組んでくれたけど、直前になって助っ人が来られなくなって練習試合ができなくなってしまうこともあった。

それに、中学で野球を厳しい環境のなかでやってきた選手はいなかったから、グラウンドで走らずに歩いてしまうこともあったし、試合中に声を出してチームを盛り立てることができる選手もいなくて……。


これは、私がいわないとダメだ！

二年生は私一人だけだから、私が一年生たちにいわないと。

みんな、野球と関係ないことはおしゃべりしていたけど、試合中にピッチャーが疲れていたらピッチャーを励ます声とか、もしだれかが失敗したら、それにアドバイスをする声かけが足りなかった。

「自分たちが試合しているなかで、ちゃんと伝えあったほうがよいよ。もっとコミュニケーション取って！」と何度も話した。

私は中学のときに、バレーボール部に入っていて、そういうことを教わっていたから、野球の技術はアドバイスできなくても、チームにとって大切なことならわかる。

最初は、みんな「なんで女のマネージャーにそんなこといわれないといけないの？」と思っていただろうけど、次第に話を聞いてくれるようになった。先輩もまた、三年生として、ちゃんとチームをまとめてくれたのも大きかった。

そして、七月。先輩にとって、最後の夏の大会を迎える。

高校に入ってから、私にとっては、初めての単独チームとしての出場だ。

私も緊張してたけど、先輩はもっと緊張しているのがわかった。これで負けたら引退だし、三年生一人だし、なんとか自分が点を取らなきゃいけないっていうプレッシャーもあったんだと思う。

だから、私は「大丈夫ですよ！　先輩、あれだけ練習してきたから、大丈夫です！」と励ました。

試合は、五回コールドで負けた。

でも、悔いなんてなかった。

勝ちたかったし、先輩といっしょにもっと練習をしたかったけど、単独チームで大会に出場できたことが何よりうれしい。

先輩は、試合が終わったあと、「やりきった」という顔をしていた。

改めて、野球って、仲間がいないと何もはじまらないってことがよくわかった。

それは、勝つことよりも、大変なものだ。勝とうと思ったら、選手一人ひとりが努力すれば、チームが強くなって勝てることもあるかもしれない。でも、選手がいなければ、試合にさえ出られない。だから、私は、たった一人だった選手が一〇人になって、この日、試合をすることができたことが何よりもうれしかった。

試合後に、去年と同じように、みんなでごはんを食べに行った。

先輩は私にいった。

「これまで、いっしょに練習できてよかった。ありがとう」と。

先輩も私も、素直に言葉にできない性格だから、そのときはそれだけだったけど、夏が終わってしばらくしてから、先輩は私に教えてくれた。

私は、先輩が野球をやめるまで、マネージャーを続ける！ と思ってたけど、じつは、先輩も、私がいるから最後までがんばろう！ と思ってたんだって。

なんだ、私も先輩も、あのころから同じことを考えてたんだ。

仲よくなるずっと前から――。


先輩がいなくなった今、夏まで助っ人だった陸上部の子が、正式に野球部に入ることを決めてくれた。それで選手は六人になった。

一年生部員六人が、グラウンドでノックをしたり、バッティング練習したりしている様子をみて、すごく不思議な気持ちになる。

もし、あのときに何も動いていなかったら、今ごろ、野球部は私一人だけだったかもしれない。

一年生の夏の大会前に、監督にいわれた言葉がずっと胸のなかにある。

「みんな、部員が少ないからってあきらめて、部活をやめちゃうけど、部活に入っていれば、人としての常識も学べるし、今よりも大人の自分になれる。人からも必要とされる。やめたらそこで終わりだけど、続けてればちゃんと残るものがある」

本当にそうだなって思った。

マネージャーができることなんて、地味なことばかりだけど、でもちゃんと続けてきたから、そこに気づいてもらえることもある。だれかに必要としてもらえる存在にもなれる。

もう先輩はいないけど、今度は私が後輩たちを支える番だ。

これから、後輩たちがくじけそうになったとき、いっしょに落ち込まずに、みんなを後押しして、「お前ら、がんばれよ！」といえるようになりたい。私もがんばってるから、みんなもがんばろう！　といえるように、私はもっとがんばりたい。

女だからとか、マネージャーだからじゃなくて、平等な部員として気づいたことは伝えたい。たとえ嫌われてもいいから、思っていることを後輩にいわないと、このチームは何もはじまらない。

そのきっかけをつくることが、これからの私の役目なんだ。

次の目標は、私にとって高校生活最後となる夏の大会で、単独チームで試合に出場して、そこで「一勝」することだ。

このチームなら、きっと、できるって信じている。

あきらめない。

高校野球の地区予選を見ていると、いろんな試合がある。実力が伯仲《はくちゅう》した熱戦がある一方、大差がついてしまう草野球のような試合もある。

そういう試合を見ていると、ついバカにしてしまいがちだが、しかし忘れてはならないのは、そういう草野球のような試合をする高校球児たちにも、一人ひとり、このグラウンドに立つまでのさまざまなドラマがあるということだ。彼らも、彼らなりの努力や苦労を経て、このグラウンドにたどり着いている。

地区予選は、そんなさまざまな背景を抱えた一人ひとりの人生が、一瞬だけ交錯《こうさく》する瞬間である。ほとんどの場合で、これまでは無関係だった者同士が、同じ白球を追いかけ合う。そして、試合が終われば、また散り散りになり、それぞれの人生へと帰っていく。なかには、これを最後に二度と会わない人もいるだろう。

そういう一期一会《いちごいちえ》こそが、高校野球の本当の醍醐味《だいごみ》なのだ。だから、たとえ大差がついてしまった草野球のような試合でも、けっしてバカにすることはできないのである。

Story 15

代打の切り札になりたい

――甲子園がかかった試合で、代打として泣きながら打席に立つ

中学生で、学外のクラブチームの外野手をやるようになったのだけど、幼いときに一生懸命やりすぎたのかな。中学一年の終わりごろには肩が痛くなり強い球が投げられなくなった。

外野から内野手まではボールを返せても、バックホームはできない。

少年野球時代は足も速かったのに、だんだんまわりに追いつかれるようになり、それも売りにできなくなった。

それでも、クラブチームの仲間に恵まれ、全国制覇を達成。バッティングで活躍してベストナインを受賞したこともあり、附属中学から高校に上がるとき、スポーツクラスに入れてもらうことができた。

この高校は、ぼくが小学生のときに甲子園に出場し、それ以来ずっとあこがれていて、中学受験までして入りたかった学校だ。

しかし、ぼくはバッティングでしか生きていけない選手になってしまっていた。

そんななか、いよいよ高校野球がスタート！　という練習初日、監督さんがぼくに目標を聞いてきた。「代打の切り札になりたいです！」といったら、監督さんは、「おいおい、入学してきたばっかりで、もう代打かよ。レギュラーじゃないのか」と笑っていた。そのときは「お前、面白いなぁ」という感じで笑い話で終わったんだ。

投げられない状態に追い打ちをかけるように、ぼくは足の甲を骨折するケガに見舞われた。過去の全国制覇の実績からまわりの期待も大きかったのに、まったく応えられない自分……。

早くも野球をやるのがイヤになってしまい、寮を出て、家から学校に通うようになり、練習にも行かなくなった。

そんなとき、監督さんがぼくを呼んでくれ、「マネージャーをやってみないか」といってくださった。うちの部には、学年に一〜二人、選手兼任マネージャーという役職がある。練習は通常通りに行い、練習前や練習後には監督さんの近くにいてマネージャー業もやる。監督さんはぼくのケガを知っていて、提案してくれたんだ。

そんな配慮がとてもうれしくて「ぜひやらせてください！」と伝えた。

最近は、大好きな野球を思う存分やれず、自分が野球部にいる意味があるのかって思いはじめていたから、役に立てることがありがたかった。

それからは、学校が終わると、だれよりも先にグラウンドに行き、監督室の掃除にはじまり、練習の準備や雑用をこなした。いつも監督さんのそばにいて、社会に出てからの常識やマナーなどもたくさん教えていただいた。

マネージャーをしているからといって、〝選手〟をあきらめたわけではまったくなく、肩と足がダメならバッティングでアピールしていこうとがんばってはいた。

でも、肩をかばって練習していたせいか、次々といろんなところを痛めてしまい、治療して治ったと思って練習再開すると、またどこかを痛めてのくり返し。

なかなか練習できなくてすごくつらかったけれど、マネージャーの仕事をこなすことで、「ぼくもチームの一員なんだ」、「ぼくにも居場所があるんだ」と感じられて、救われたのだった。

それがなかったら、きっと、自分が何もできない不甲斐なさと孤独感に押しつぶされて、チームをやめていたと思う。

ひとつ上の先輩たちが引退したあと、二年夏からの新チームで、監督さんはぼくに三塁コーチャーを任せた。ひとつでも先の塁を狙う機動力野球をするチームとしては、

〝まわす〟か〝止める〟かという三塁コーチャーは大事なポジション。

おかげで二年秋も三年春も三塁コーチャーとしてベンチに入ることができたんだ。

でも、なかなかチーム状態は上がってこず、ぼくが腕をぐるぐるまわすような展開にはならなかった。秋も春も、早期敗退。危機感を覚えた。キャプテンでもあり親友でもある選手とぼくは、チームをどうしていくべきか、毎晩のように語り合った。

そして、ゴールデンウィーク前の練習試合後、キャプテンがみんなを外野に集め、円になって話しはじめた。

「今のチーム状態は、主力は自分勝手なところがあるよね。自分さえよければいい、自分が打てればいい。試合に出られない選手たちは、ただ時間が流れて高校野球が終わればいい。みんな冷めていて、ひとつになれていない。自分がキャプテンとして力がないのだと思うけれど、このメンバーでやれるのもあとちょっとだ。最後の夏に向けてひとつになっていこう」と、涙を流しながら本音をぶつけていったんだ。

すると、みんなも泣きながら意見をいいはじめ、これまで、変わりたくても変われない、熱くやりたくてもまわりの目を気にしてできなかったことなどをぶちまけ、これから夏まで一丸となって戦うことを誓った。

ぼくも、肩は痛いながらバットはふれるようになっていて、練習試合では〝代打〟として試合出場させてもらえるようになっていた。そして、不思議と〝ここぞ〟の場面で打てるようになっていた。〝代打の切り札〟まではいかないにしろ、大事な場面では代打で名前をコールされるような選手になることができた。

迎えた最後の夏の大会、背番号「13」をもらってベンチ入り。そして、大会の初戦となった二回戦で、監督さんが代打でぼくを使ってくれた。

高校に入って初の公式戦、初打席で思いきりふったら……三遊間を抜けるレフト前ヒット。涙が出るくらいうれしかった。

さらに五回戦では、信じられないことに、四番・ファーストでスタメン出場をさせてもらった。その試合、バッティングでは貢献できなかったけど、初回に一点取られてなおも二死満塁という大ピンチで、左バッターの超強烈な打球がぼくのところへ……それをぼくは好捕し、それ以上の得点を相手に与えなかった。

準々決勝では三塁コーチャーのぼくの腕が何度もまわるぐらい打線が打って勝ち、準決勝では優勝候補の高校にも勝利。

ついに、甲子園まであとひとつに迫った。

大観衆で埋まった決勝戦、いつものように三塁コーチャーボックスへ向かった。

最終回、一対三と二点を追う形で迎えた。

その回、先頭の四番打者がヒットを放つと、次打者は倒れたが、六番、七番打者が連続ヒットで一死満塁。一打同点のチャンスがおとずれた。七回ぐらいからベンチ裏で素振りをし、代打の準備をしていたぼくは監督の指示を待った。監督さんが動いた。八番・ピッチャーのところに。

代打、オレだ！

練習試合のときから、ぼくが代打で打席に入ると、何かが起こった。だから、仲間もまたやってくれるだろうとぼくに期待している。

だけど、ぼくは代打を告げられてからは、あまりの興奮と緊張で手がふるえバットも握れない状態。中学では大舞台も経験してきたし、ふだん、とくに緊張するようなタイプでもないのに、ここで勝てば甲子園、負けたら引退……いや、ここで長打を打てば逆転、最悪ゲッツーならその場で試合終了。

そんな異様な場面のなか、とても冷静でいられなかった。

スタンドでは応援合戦が続いていたはずだが、そんな球場の音はまったく耳に入ってこない。頭のなかは真っ白。足はガクガクとふるえ、手はしびれ、打席に向かうべく歩いていったとき、タイムがかかり、ベンチからチームメイトが駆け寄ってきた。ふるえているぼくを見て、監督さんがぼくを落ち着かせるため伝令に寄こしてくれた。

ふるえながら、こういった。「オレ、無理だ。マジ無理。バットも握れないし」。オレの顔は涙でグシャグシャになっていた。チームメイトは、「大丈夫！　お前なら大丈夫だよ」と。

全然大丈夫じゃなかったけれど、「あぁ」と短く返事をして、再び打席に向かった。

そのとき、スタンドが目に入って、これだけの人数の人が応援してくれていることを見てしまった。これまで三年間、監督さんや仲間、親とのことなどがフラッシュバックするかのようによみがえってきて、もっと涙が止まらなくなった。

一呼吸して打席に入ったぼくは、監督さんを見た。ベンチのなかで顔をタテにふり、

「行け！」といっている。監督さんの指示を思い出していた。

「初球、変化球が来るから、それを思いきりふってスタンドに放り込め！」

本当に初球に変化球が来たので迷わずふっていって、ファウル。

大きくバットをふったことで、緊張が解けた。しびれも解けた。そこからスタンドの応援の声やブラバンの音がようやく聞こえてきてきたなか、二球目の外のスライダーを見送って一－－一。そして三球目のスライダーを、ライトに弾き返した。

一点差に迫るタイムリーヒット！

一塁ベースを少しオーバーランし、一塁ベースに戻って何度もガッツポーズした。

代走が出て、ぼくが涙をぬぐいながらベンチに走って戻るとき、スタンドからぼくの名前を叫んでくれてる人がいて、また涙が出た。ほんの少しだけど、仕事ができたことがうれしかった。そして、次のバッターもヒットを打ち、同点に追いつく。逆転はできなかったとはいえ、三対三の同点で九回裏を迎えた。

ぼくは、ベンチから身を乗り出しながらも見ることができなかった。そして……相手側スタンドから大きな歓声が上がったところで顔を上げたら、ホームベース付近で相手チームの選手たちが輪になって喜んでいる。

サヨナラ負けだった。

ベンチの前で泣きくずれた。たぶん、みんなに抱えられてベンチに戻ったと思う。閉会式がはじまるまでずっと泣いていて、それが終わってロッカールームに引き上げるとき、監督さんに「すみません、すみません」と何度もいっていた気がする。

小学生のときから「ぼく自身が甲子園に行きたい」と思っていたけれど、三年間のうちに、「こんなによくしてくれた監督さんを甲子園に連れていきたい」という気持ちに変わっていた。

そして、静かにバスに乗りこみ、マネージャーのぼくは、いつものように監督さんの隣りに座った。すると、監督さんは鼻を真っ赤にし、目に涙をいっぱいためながらこういった。「くやしいな。でも、お前はよくがんばったな。あんなにケガばっかりして。よくやったよ」

ぼくはもう……涙がボロボロ流れてきて、

「ほんとにすみません。ありがとうございました」

思い起こせば、ぼくは練習初日に「代打の切り札になります」と宣言をし、「お前、いきなりそれか」と笑われたところからはじまった。だけど、監督さんは、ケガばかりでどうしようもなかったぼくを、ほんとに〝代打の切り札〟にしてくれた。

そして、あんな大事な場面で使ってくれた。

もっともっと練習していたら、あれがライト前ではなくて、ライトオーバーになっていたかも。そうしたら、走者一掃になって、勝っていたかもしれない。

だけど、ぼくの高校野球、こんなに選手のことを思ってくれる監督さんのもとです
ごせたことがいちばんの財産。

もし、もう一回高校野球をやるとしても、またこの高校を選ぶと思うし、もし監督
さんが違う高校の監督だったら、そしたら、監督さんが率いる学校で野球をして甲子
園に連れていく。

でも実際は、そんなことはできないから、あとは後輩たちに任せた！

ときどきグラウンドを訪ねて後輩たちにハッパをかけ、試合になったら精いっぱい
応援して、その代の〝代打の切り札〟が出てきたら、とくに声を張り上げて応援する。

監督さんに、「お前、面白いな」といわれても、「お前、バカだな」と笑われても、
とことん応援していきたい。それがぼくなりの恩返しだ。

人が活き活きと輝くためには、「居場所」が必要である。それは、必ずしもスポットライトが当たらなくてもいい。舞台裏や、縁の下でもいい。

ただし、だいじなのは「その人にしかできない」ということだ。その人の代わりはいくらでもいる——という場所ではダメ。人は、だれしもそういう「他に替わる人のいない居場所」を求めている。そういう居場所さえあれば、人は活き活きと輝ける。

そういう居場所をつくるのは、自分自身ではない。それは、必ず他のだれかにつくってもらう必要がある。なぜなら、だれかに必要とされることこそが、人にとっての究極の居場所だからだ。

逆にいえば、人はだれでも、だれかの居場所をつくることができる。なぜなら、だれかを必要とすることこそが、その人の居場所をつくることにつながるからだ。

だから、だれにとってもだいじなのは、だれかに必要とされることと同時に、じつは「だれかを必要とすること」なのだ。だれかを頼りにすることができる——そういう人が多ければ多いほど、そのチームは強くなれる。

Story 16

運命

――チームのキャプテンとして活躍していたが、まさかのケガをしてしまう

寒くて長い冬がすぎ、雪も解け、春になり、ＧＷ明けにはじまった春の大会。自分らのチームは順調に勝ち上がり、札幌支部大会の準決勝進出を果たした。「準決勝も勝って決勝進出するぞ」とチームの士気も上がっていた。

その準決勝が運命の試合になろうとは……。

序盤に二点取られてなおも一死満塁のピンチという場面。セカンドのぼくは中間守備を取り、一、二塁間の走路のあたりを守っていた。

カーン！　打球がぼくのところに飛んできた。ボテボテではない普通のゴロ。とっさに「ホームに投げてひとつアウトじゃなくて後ろでゲッツーが取れる！」と判断。そう思ってボールを捕りに行ったとき、「ドン！」という衝撃とともに捕ろうとしていたボールが視界から消え、真っ暗になった。

それから、どのぐらいの時間が経ったのだろう……。

ぼくの名前を必死で呼ぶ声が聞こえて目をゆっくり開くと、真っ暗闇から徐々に徐々に明るくなっていって。そこにはいくつもの顔があり、ボーッとしながらようやく何が起こったのかを把握した。一塁ランナーがぼくにぶつかってきて（守備妨害）、気を失ってしまっていたのだ。

だいぶ長い時間、眠っていたような気がしていたけれど、たった一分半ぐらいのことだったみたい……。

立ち上がろうとしたら、腰に激痛が走り、フラフラした。監督から「代わるか？」

と聞かれたけど、大事な試合の序盤でキャプテンでもあるぼくが引っ込むわけにはいかない。それに、ここで自分が引っ込むのは負けたことになる気がした。そんな思いもあって、試合に出続けた。アドレナリンがふき出ていたんだだろうな。

でも、試合が進むにつれ、右目の視界に白くモヤがかかり見えなくなってきた。これってマズイのかな、とも思いつつ、最後まで試合出場。だけど、負けてしまった。

くやしさのなか、両親の車で帰宅。腰は痛かったものの、少しすれば治るだろうと、その日は病院にも行かなかった。翌日、練習がオフだったので、学校帰りにいつもの治療院で腰を診てもらうと、先生には、「そんなに重症ではないから夏の大会には間に合うでしょう」と。ほっとして帰宅の途についた。

だけど、その日の夜、右の眉の上のあたりをガンガンたたかれているような痛みに襲われた。心配した両親に「あのとき気を失ってるのだし、一度ちゃんと病院に行って検査してみよう」といわれ、翌日の学校帰りに病院に行こうと考えた。

ところが、学校に行くと、猛烈な頭痛とめまいに襲われ、立っていることさえできなくなった。これまで病気のひとつもしたことがなかったぼくは、生まれて初めて保健室へ行ってみた。保健の先生に事情を話すと、先生は「学校にいる場合じゃないわよ！」と学校近くの脳外科へ連れていってくれた。

けれども、ＭＲＩを撮ると「目立った異常はない」という診断……。

経過観察で入院したものの、天井がぐるぐる回り、右の手足に力が入らなくなってきて、右半身が徐々に動かなくなってきた。歩こうとしても、右膝がカクンと落ちてしまい伝い歩きしかできない。そんな症状なのに、翌日ＭＲＩを撮ってもまた「異常はなし」で、医者には「試合に負けて精神的に弱っているんじゃないか」とまでいわれてしまった。

調べても調べても「異常がない」ということなので、病院にいてもしょうがないと退院。手足に力が入らない状態だったけど、夏の大会に向けて時間がないと思って、家でトレーニングをはじめた。でも、午前中にトレーニングすると、午後にはグタッとなってしまい何もできない状態……。

その後、両親が探してきてくれた病院をいくつかまわり検査をしてみたが、診断は、いずれも「異常なし」。日に日にぼくは弱っていき、食事もまともにとれなくなった。あっという間に一〇キロやせた。五〇キロ近くあった握力は、五キロまで落ちた。ただただあせるばかりだった。

夏の大会の抽選会があり、監督が車で迎えに来てくれ、松葉づえをついて抽選会場へ向かう。原因不明の頭痛やめまいやしびれ……こんな状態で大会に出られないことはわかっていたが、ぼくはキャプテンだし、歯を食いしばって行った。そこで、副キャプテンのヤツから、「みんながお前が戻ってくるまで勝ち続けるってがんばってるぞ」ということを聞いた。

ぼくは監督さんには「このような状態で、もう試合には出られないので、ぼくのことはベンチから外してください。試合に出られる選手――勝つための選手をベンチに入れてやってください」とお願いしていたのだけど、監督からは「このチームはお前のチームだ。お前がいたからここまで成長したチームなんだ」と、ぼくに背番号「4」をくれた。ぼくは情けなさとくやしさと……そして監督にそういっていただけたうれしさで、胸がいっぱいになった。

ケガをして一カ月が経った日、父が調べて連れていってくれた総合病院で検査を受けたら、「脳に影がある」といわれた。その病院の先生は、〝ある病気〟を疑って、その専門医が小樽《おたる》にいることを教えてくれた。北海道に一人しかいないというその専門の先生を訪ね、父の車で五〇キロの距離を急いだ。

早速診ていただくと、すぐに診断が下された。「脳脊髄減少症《のうせきずいげんしょうしょう》」。脳や脊髄周囲の脳脊髄腔《のうせきずいこう》には脳脊髄液が存在しているが、交通事故など大きな衝撃を受けることによって、この脳脊髄液が漏れ出てしまい減少していく。すると、頭痛やめまいなどが起こるという病気。早期に発見できれば症状は軽く、治りも早いらしいが、ぼくの場合はもう一カ月以上も経っていて、重症化していた。

くやしかったのは、「ぶつかったその日にこの病院に来ればここまで重症化していなかったのに」といわれたこと。「なんでこんなふうになるまで来なかったんだ」といわれてしまったが、ぼくだって病院には行った。一つ、二つ、三つ……と病院を転々としたのに、この病気に気づいてもらえなかったことがくやしかった。

「ここまで来てしまうと、完治するのは難しい」「今後の生活にも影響するほどの後遺症が残る」「以前のような健康体に戻れるとは思わないほうがいい」「この病気と一生うまくつき合っていくしかない」ということなどを立て続けにいわれ、絶望感でいっぱいになった。隣りでいっしょに聞いていた父も、無言になった。

先生には「今すぐ入院しなさい」といわれたけれど、ぼくはそれを拒否した。

だって、三日後から、夏の大会がはじまるんだ。

小学生から野球をやってきて、中学時代では札幌でもトップクラスの内野手といわれるようになった。高校も全国制覇をしたことがある学校からも声をかけていただいたけれど、経済的な負担が家にかかることを考え、自宅から通える文武両道の公立高校に進んだ。甲子園は現実的に厳しい位置とはいえ、「強い者を倒すんだ！」、そんな意気込みで今までがんばってきた。最後の夏の大会は特別だ！

それに、今までいっしょにがんばってきた仲間と最後の大会をともに戦えないんてありえない、スタンドでもいいから仲間といっしょにいたい！

先生は「医者としてそれはできない」と首を横にふったが、父もいっしょにお願いしてくれた。「この子は野球がすべてなんです。区切りがついたら即入院させますので、なんとかお願いします」と何度も頭を下げてくれた。

先生は「わかりました」といってくれた。

それから三日後、夏の大会がはじまった。開幕して二日後には一回戦が行われ、監督さんが高野連にかけ合ってくれたおかげで、ぼくは車いすでベンチに入ることができた。攻撃のときは立ち上がって松葉づえをつき、大声を出して応援した。いや、大声を出しているつもりが、体が弱っていて情けないぐらい弱々しい声しか出なかった。それでも、仲間が必死で戦い初戦突破を果たした。

二回戦も、エースが一八〇球の粘投を見せ、終盤の逆転劇で勝利をものにした。仲間は「キャプテンの声に鼓舞《こぶ》された」といってくれた。ぼくもいっしょに戦っているんだ！　と強く思えた。

そして迎えた三回戦は、二五年ぶりの南北海道大会出場をかけた大一番。相手は、春の全道大会ベスト8の強豪。だけど、そんな強豪相手に、仲間たちは接戦をしたんだ。ずっとぼくと二遊間を組んでいた選手は、守備や打撃で活躍するたび、「お前が乗り移ったよ!」といってくれ、まるでぼくも試合に出ていたような感覚にさせてくれた。試合には負けてしまったとはいえ、三年間のベストゲームだったと思う。

試合後、ベンチ前で泣きくずれる仲間たち。ぼくは松葉づえをおいて、一人一人の肩をたたいた。みんな「お前を南北海道大会に連れていきたかったのに、勝てなくてごめん」とぼくに謝ってきたけれど、「オレこそゴメン。いっしょに戦えなくてごめん」そして、「ありがとう!」の言葉をみんなに伝えた。

だって、この三試合を見て、チームがすごく強くなっていたことに気づいたから。

仲間たちは、ぼくが練習に出られなかったこの一カ月の間、本気でチームを強くしようとがんばってくれたことがわかったから。勝ち上がって南北海道大会に出場できれば、ぼくが病気を治して試合に戻ってこられると思って、必死にやってきたそうだ。

ぼくは、どんな相手でも「勝つ！」ことに強い執念を燃やしていた。そんなぼくの気持ちをくんで、ぼくに「勝ち」をプレゼントしようと思ってくれていたそうなのだ。そんな仲間に、心から、「ありがとう」と伝えると、みんな涙をいっぱい流して泣いていた。

その翌日、小樽の病院に入院した。仲間たちが見舞いに来てくれたけど、日焼けした友だちの顔を見るのはうれしい反面、つらくもあって。なんでぼくだけこんな目に遭わなければいけないのだろう……。病院が早く気づいてくれれば……。

治療自体も本当に長く、つらいものだった。二カ月ほど入院治療した後は、徐々に日常生活ができるように慣れていくために退院したのだけど、筋力も落ち、家の階段も上がれないほど。卒業するためだけに高校にはなんとか行き、まわりが受験勉強に突入してもその準備さえもできず、「将来どうなるのだろう」ともんもんとする毎日。

なかなか目標をもつことができなかったものの、三月、高校を卒業すると、中途半端で終わってしまった野球を、もう一回やってみようと考えるようになった。

一年遅れてでも、大学に入ろう。大学野球をやろうと。

「もとの体の状態には戻らない」と宣言されていたし、無謀とも思えることだったけど、ぼくはやっぱり野球が好きだったから。

それからの一年は、通院しての治療をし、体と相談しながら予備校に通い、徐々に体を動かし……九月には病状が悪化し、一〇月には大きな手術もした。まるで四二・一九五キロのフルマラソンを終えたと思ったらまたスタートかのような、本当に壮絶な日々だった。でも、一一月ごろから必死に受験勉強をして、行きたかった関東の大学に合格することができた。

どうしてその大学に行きたかったかというと、そこの野球部は、まだ歴史が浅く、北海道から進学している選手がいなかったから。ぼくは、ぼくのことを……ぼくの病気のことを知らない人のなかで野球がしたかったんだ。同情されたくなかったし、ハンディがあると思われるのもイヤ、病気を知って「やめとけ」ととめられるのもイヤだった。

入学後、ぼくは高校三年夏の最後の一カ月間を埋めるかのように一生懸命練習した。でも、俊足《しゅんそく》を誇った足はだれよりも遅く、好守で鳴らしたはずの守備も散々だった。ぼくの体は自分の想像以上にボロボロで、たぶん、チームメイトにも、指導者にも「北海道の無名の高校から来たヘタクソなヤツ」と思われていただろう。

がんばると決めたから、必死でついていったにもかかわらず、半年経ったとき、監督からプレイヤークビ宣告を受けた。わかっていたことだけど、そこがぼくのプレイヤーとしての最後だった。最後の夏の大会でプレーするところを見せてあげられなかった両親に、もう一度ユニフォームを着て試合でプレーするところを見せたかったけれど、それができなかったことはすごく残念だった。

それから、チームの学生コーチになった。将来、野球の指導者をめざしたいと思っていたぼくにはやりがいがあり、監督のもとで野球を勉強しながら、朝から晩まで選手たちのサポートをした。そして、三年になったとき、チームが二部リーグから一部リーグに昇格した！　スゴイことだった。

一部で優勝することはできなかったとはいえ、四年時のリーグ戦後に行われた新人戦（一、二年生の大会）では、〝監督〟を任せていただき、なんと、決勝まで進むことができた。決勝の相手はドラフト候補がたくさんいる大学。そこには負けてしまったけど、試合後、人生で初めて、みんなから胴上げをされ、ぼくは学生野球を終えたんだ。

そして今、北海道に戻り、講師として教壇《きょうだん》に立たせてもらっている。

正直、あの壮絶な日々を送っているころは、数年後の自分が教壇に立てているなんてことはこれっぽっちも想像できなかった。でも、今こうしていられるのは、高校や大学時代の指導者、仲間や先輩後輩、そして、支え続けてくれた両親のおかげ。本当に感謝しかない。

もっと勉強して教師になり、いつかは指導者として母校を率いて甲子園に行きたいと思っている。

そして、どんな強い相手であろうと、「勝つ」という気持ちをもち続けられる選手、どんな困難があっても立ち向かっていける選手、野球から離れたとき一人でも強く生きていける選手、そんな選手を育てていきたい。

人は、一人では生きてはいけない。必ず、社会のなかでの居場所を必要とする。

では、居場所はどうやってつくればいいのか？

それは、だれかから必要とされることだ。だれかの役に立つことである。

人は、そういうふうにだれかから必要とされると、そこに居場所があると感じることができる。そうして、活き活きと輝くことができるのだ。

では、その逆にだれかの居場所をつくるにはどうすればいいか？　その人を活き活きと輝かせるためにはどうすればいいのか？

それには、自分が居場所をつくるときの逆をすればいい。すなわち、「だれかを必要とする」のである。「だれかを役に立たせる」のだ。そうすれば、そのだれかは居場所ができ、活き活きと輝くことができる。

人は、だれかの頼りになっているとき、「迷惑をかけているのではないか」と心細く感じる。しかし、それを心配する必要はない。あなたがだれかを必要としているとき、あなたは、その人の居場所をつくり、活き活きと輝かせているのだから。

Story 17

文武両道をめざして

——進学校の限られた練習時間で、監督として甲子園出場を狙う

この高校に赴任《ふにん》して一六年目になります。

母校とはいえ、公立高校でここまで長いこと監督させてもらって感謝しています。

県内有数の進学校なので練習時間を長くとれるわけではないですが、短時間でも最大の効果が出せるよう、効率を大事にして甲子園をめざしています。

進学校でも、まず野球を重視するという学校もありますが、私はこの勉強とも両立させるスタイルで、甲子園へ行ったろと。

やっぱり甲子園に出たとき、本当に応援してもらえるチームじゃないとダメだと思うので。

あとは、本人たちの意思でどこまで本気でやるか。ここがカギです。

私は自分の高校時代に、当時県内でいちばん強かった高校に勝ったこともありました。

が、甲子園には行けず、そのときの恩師の影響もあって「監督として甲子園に出たい」と強く思うようになりました。

大学は国立の大学でしたが、三年のときに私立大学を破って全国大会に出場。私もちっこい体だったものの、「一番・ショート」で先発しました。

初戦を一対五で負けてしまったけど、五回までは一対一。全国大会優勝経験もある強豪校に対し、ぼくらは甲子園球児もいなければ、四学年合わせても、二五人いないチームですよ。

だから、「こうやって野球やったら強くなれるんやな」と思えましたね。

それは何かっていうと、投手に制球力がしっかりあって、配球を考えて、守備をしっかりやれば、というところです。これがあれば絶対に試合になりますから。

あと攻撃はヒットが続かないからこそ、足をからめたりいろいろ考えてね。

そんな気持ちがあったので、教師になってからの初任校でも三年目の夏に、県の四強まで行って、地元の新聞やまわりの人に「旋風《せんぷう》を巻き起こした」というてもらいました。私もおどろきましたよ。練習試合で〇対一六で負けた相手に、本番は二対〇で勝ったりしましたから。

ただ、この夏の翌年、私は転任となりました。「初任校は三年まで」と決まっているので、これはしかたがありません。

でも……転任先が、野球部のない学校だったんです。

ここからの三年間はひどく苦しかったですね。「これから」というチームを離れるのはルールだからやむなしとして、高校野球の指導者になりたくて教師になったのに、高校野球部のない学校に赴任になるなんて。

お世話になっている高校の監督たちも怒ってくれました。「なんで若くて、やる気もあって、実績も残した指導者をそんなところに飛ばすんだ」と。

私はそれを聞いてうれしかったです。野球部の指導はできなくてもいい時間にしなくては。そう思いました。

そんなおり、近所の強豪校で監督をしている方に、「野球部の指導を手伝ってよ。うちのBチーム（二軍）を見てもらえないか」といってもらいました。

甲子園にも行くほどの高校でしたから、野球を教わることも多かったですね。あとは全国で開かれている指導者講習会や強豪校の練習にも、積極的に足を運びました。紹介で行くこともありましたし、「こういう者です」と自ら飛び込んでいったこともあります。

なかでも九州の田舎の公立高校に見学に行ったのが、印象深かったんです。前向きでキビキビしていて、先生は厳しいけど愛情があって理論家で。県準優勝の実績を残していましたし、何より選手たちの人間性がすばらしいんです。選手たちがちゃんとしゃべれるんですよね。

このチームはいいな、こういうチームをつくりたいなって。

あとは社会人野球も、最先端のトレーニングや体のケアがなされていて勉強になりました。

当時の野球界って鍛えることばかりでしたけど、どうケアするかも初めて知ったし、どう鍛えるかもちゃんと考えるようになりましたね。

社会人は栄養や休養も含めて野球にリンクする形にしていたんです。

こうした刺激を受けて、野球だけをやっていた自分が、野球をうまくするためにどうするかということを多角的にとらえられるようになりました。

何年先になるかわからないけど、野球部のある高校に戻してもらえたら、そこで自信をもって指導ができるようにしようって思っていました。

そしてようやく三年後、現在勤めている母校に転任となりました。

今となれば、あの三年間はある意味苦しかったですけど、貴重でかけがえのない三年間でしたね。

「人間、気持ちやな」と思いました。

この母校ではまだ甲子園には行けていませんが、毎年のように県で上位まで食い込み、県の準優勝まではいけました。

〝文武両道校〟として知られるようにもなってきました。

また、卒業後も、東京六大学野球や地元の国公立大学を中心に、野球を続けてくれる選手が多いのはうれしいですね。

「先生のところの選手は素直だから、大学でも伸びるね」といってもらうこともありますし、現役だけで一七人くらいが大学でも硬式野球を続けてくれています。

私も、大学で五〇メートルが六秒台前半になったり、遠投が一〇〇メートル投げられるようになったりしたため、「続けていれば、いつかこういう時期が来るんだな」と実感しています。

選手たちもそういう気持ちでやってくれているのは、この指導がまちがっていないのかなと思えます。


でもやっぱり甲子園に行きたい。

勝ちたいし強くなりたいから工夫しますよね。

負けず嫌いですし、妥協はしません。

まだ、甲子園に行ってないから偉そうなことはいえませんが、出たときにはしっかり公言できるような理念をもっておきたいです。

現代は、少子化の時代。それに加え、人口減少の時代。

そういう時代に、野球部の数も減っている。近ごろ、甲子園で何度も優勝した名門校の廃部が話題になった。これからも、そういう野球部は増えていくだろう。

では、そういう時代に生き残る野球部とは、一体どういうものなのか？

それは、「野球以外のことも教えてくれる野球部」である。いや、野球を通じて、人間性や教養を育《はぐく》んでくれる野球部だ。

人は、一生野球をし続けられるわけではない。たとえプロ野球選手になったとしても、四〇歳前後で必ず引退してしまう。

しかし、人生はその後も続く。そこで必要になるのは、人間性や教養だ。人間性や教養は、その人に一生ついて回る。これらは、いうまでもなく野球よりも重要なのだ。

だから、そういうものを教えられない野球部は、存在価値をどんどんとなくしていく。逆に、そういうものを教えられる野球部は、どんどんとその存在価値を高めていくだろう。

Story 18

一〇年先も二〇年先も三〇年先も

――物書きとして球児の母として、野球を追いかける

ボールを追いかけるお兄さんたちカッコいいなぁ！

小学生のころ、甲子園の中継をテレビで見て釘づけになりました。

中学生になって、地元の県立高校が甲子園に出場したことも、私の野球熱に拍車をかけました。応援バスに乗って、一五時間ぐらいかけて甲子園球場に行ったら、そこにはテレビでは感じられない光景が広がっていて、「甲子園ってスゴイ！」と胸が高鳴りました。感激しすぎて言葉になりませんでした。

高校生になると、青春18きっぷを使って一日かけて兵庫県まで行き、甲子園球場近くに住んでいる親戚の家に泊まらせてもらいながら、連日、甲子園球場に通い、スコアブックをつけながら観戦したりもしました。

甲子園だけではなく、自宅の近所で開催される甲子園予選も見に行き、間近で選手たちを見るうちに、〝野球が好き〟というよりは、野球をがんばっている人、野球に夢中になっている人に魅力を感じるようになっていったんですね。

野球を……彼らを見て感じたことを日記に書くことが日課となり、つらつらと書いていくうちに、こうしたものをみんなにも読んでもらえたらいいな、がんばっている選手たちのことを世の中のみんなに伝えたいな、と思うようになりました。

そうして、大学進学のため田舎から上京して一年ぐらい経ったときのこと。

私はある新聞社のアルバイトで、毎週末、少年野球のグラウンドに行き、取材をし、記事にしていくようになりました。

そこで、野球をはじめて間もないチビッコたちや、思春期に突入した中学生たちが、目標をもって、また大きな夢をもって練習に打ち込む姿、また、必死でボールに食らいつく姿、熱く戦う姿に日々感動をもらいました。

そんな姿を見て文字にして紙面に掲載することによって、子どもたちが「オレのこと新聞に書かれてるー！」と喜んでくれる。そして、次に会ったときに、「また書いてもらえるようにがんばります」、他の選手たちからも「ぼくも書いてもらえるようにがんばってるんでまた見に来てください」といわれたりするのがうれしく、そのことが、私自身もこれからもがんばろうという活力源になったのでした。

大学卒業後、新聞社に就職。プロ野球の担当もしていましたが、やはり、私には華々しい世界で活躍するプロ野球選手よりも、〝これから〟という選手を取材していくことが向いているように感じたのです。会社はやめ、フリーランスという立場で少年野球を見て歩く道を選びました。正直、お金にはあまりなりませんでしたが、好きなことを仕事にしていける喜びは大きかったです。

その後、仕事で知り合った人と結婚。そこからがいろんな試練のはじまりで――。

二年後にはおなかに子どもを授かったのですが、つわりがひどくて入院までし、妊娠とはこんなにつらいものなんだってことを知ったのです。安定期に入ってからは不調はおさまり、大きなおなかを抱えながらも取材にまわったりできました。そしてついに出産しわが子と対面したときは、あまりの感動で、自然と涙がこぼれました。

でも、想定外のことが……。出産直後に子宮内に異常がみつかり、いきなり抗がん剤治療をはじめるという事態に見舞われたのです。生まれたばかりの息子を病室で面倒みながらの闘病生活。抗がん剤治療のためわが子に母乳をまったくあげられないのがつらくて。また、子宮摘出の危機に陥り、希望していた第二子は授かれないかもという不安にさいなまれました。

昼間は点滴をしつつ赤ちゃんと楽しくすごしながらも、夜は子どもの寝顔をみながら毎日のように病室のベッドで泣いていました。

二度の大きな手術の末、なんとか子宮は残すことができ、第二子への希望も見えたけど、「今後、妊娠する確率は低い」と先生から告げられたことと、また、病気再発を気にしながらの日々はやはり不安でいっぱいでした。

幸い二年後に再び妊娠。それも……双子！　でも、一人はおなかのなかで早期に亡くなるという悲しいできごとが……。一人はおなかで無事に育ちましたが、子宮にさまざまな異常を抱えていたため、通常分娩はできず帝王切開で女児を出産。

本当につらかったけれど、それでも、元気な子が生まれてきてくれて、これからも母親としてがんばっていこうという大きな意欲がわきました。

それからは、二人の子育てをしながら、少年野球の現場をまわり、記事を書く生活を続けていきました。子どもがいないときは感じなかったこと、見えなかったことも見えるように思え、親の立場から親身になって記事を書くこともできるようになってきた気がします。

また、二度の出産時にいずれも大きな病気をしたこと、さまざまな苦しみを感じたことによって、なんとなく、人の痛みもわかるようになったかもしれません。

私は人生まだ折り返し地点にも達していない未熟者だけど、選手たちの近くに寄り添って、じっくり話を聞いて、そして文章を書けるようになってきた気がします。


そしてだんだんと、野球を通じて、心の傷みを感じている選手の取材をすることが増えていきました。


甲子園で大活躍したヒーローたちは、多くの人たちに取材してもらえます。

でも、甲子園に出られなくてもがんばっている選手もいる。

そんな選手たちにスポットを当ててあげたいな、そういう記者がいてもいいじゃないかって。


そんななか、息子がどんどん野球に興味をもっていくようになりました。

赤ちゃんのときから、いや、おなかにいるときから私が一〇〇試合以上の試合を見てきた影響もあるのか……。おもちゃはゴムボールとプラスティックのバット。髪は、自ら坊主頭。保育園に行く前に毎朝、公園で私と練習をしました。

小学生に入ると、「オレは野球がしたい」といい出し、リトルリーグのチームに入りました。リトルリーグでは全国制覇をするとワールドシリーズに出場でき、アメリカに行くことができます。私が日ごろから「アメリカでメジャーリーグが見たいなぁ」と話していたため、「ボクがリトルで優勝して、ママをアメリカに連れていってあげるよ」と口にするようになりました。

私が仕事や家事の合間に庭でティーバッティングにつき合うのが日課となり、マイナー大会（四年生以下の大会）では関東大会準優勝、オールスター大会（中一、六年生の大会）では、二年連続で全国大会に出場することができました。

そこで優勝すれば、本当にアメリカだったのですが、残念ながら初戦で敗退。最初の打席で右手首にデッドボールを受けて大きくはれ上がり、それでも、その後の打席に立ち続けましたが、あの痛みでは無理だったみたい。無念でした。

その日の夜、二人で帰宅するとき、それまで何もいわなかった息子がポツリといいました。「ママ、アメリカに連れていけなくてごめんね。でも、オレ、これからも野球がんばるからね。見ててね」

私は「うん、楽しみにしてるね」と、こっそり涙をぬぐっていました。

中学に入ると、息子は硬式野球のクラブチームに入りました。夫が……つまり、息子にとっては父親が監督をしているチームです。

親子で野球をするというのは並大抵なことではありません。父親はわが子により厳しく接し、きっと、息子はつらい思いをするんじゃないか。「他のチームに入ってもいいんだよ。遠いところでも送迎してあげるから」と話しました。

でも、息子は「オレは、小さいときからずっとパパのチームの選手を見てかっこいいと思って野球をしてきたんだ。オレはこのチームで野球がしたい。パパと日本一になるから。つらくたっていいんだ」。

その言葉を聞いて、私のほうが子どもだったな……と反省したとともに、知らないうちに成長していた息子にグッと胸を熱くさせられたのでした。

それからは、平日の週二～三日、二人で練習するようになりました。学生時代にソフトボールをやっていた私は、キャッチボールやノックぐらいならできたので、ジャージに着替え、息子の「行くよ！」の声で外に出て、ランニング、キャッチボール、ティーバッティング……と。息子は反抗期でもあり、普段は口げんかをすることも多かったのですが、それでも、二人の野球の時間が私たちをつなげてくれました。

そして、息子は自分たちの代になってレギュラーをつかむと、秋の予選から関東大会まで負けなしで優勝。春のセンバツでも優勝。父とともに日本一になりました。

その大会に〝応援〟ではなく〝取材〟という形で行っていた私は、一人の活躍した選手として息子を取材。「父を日本一の監督にすることができてうれしいです。父を胴上げできて感動でした」との言葉に、ちょっとだけ……ペンを持つ手がふるえました。

高校は、私の田舎にある強豪高校に行くことを決めました。じつは別の地元の高校から強く誘っていただいていて、夫は「将来的なことを考えてこっちにしたら」とすすめたのですが、息子は「オレは厳しいところで野球をしたい。強くなりたいんだ」と親元を離れ、寮生活をしながら野球に専念する道を選んだんですね。

息子が高校に向けて練習をしながら少しずつ入寮の準備をしはじめたころ、気になることがありました。二月終わりごろに受けた私のガン検査の結果が、なかなか届かなかったことです。帰宅するたびに郵便受けをのぞいたけれど、なかなか届かず、不安はどんどんふくらみました。

一週間ほど遅れて届いた結果には……。

「精密検査を要する」「早急に下記のがん専門の医療機関に連絡をし、紹介書とＣＤ－Ｒを持って精密検査をしてください」と書かれていました。


じつは、ここ一～二年、体の不調もあり、最近ではますます気になるところがあったため、何となくそういう結果が来るのではないかと予想はしていました。

また、私の実母がそのガンを患っていたこともあって、いつかは私にも来るんじゃないかとも恐れていました。


でも……覚悟はしていても、実際その結果が来るとふるえてしまって。

私、死んでしまうのかな。これから息子の高校野球がはじまるのに、見られないのかな。応援できないのかな。どんどん悪いほうに考えていって、その紙を握りしめながら、自然と涙が出てきてしまいました。

息子と中学一年になった娘は私がその封書をもって部屋にこもったままなのを心配し、娘が部屋に来て「ママ……大丈夫？　まだ検査しないとわからないんでしょう。大丈夫だよ。ちゃんと診てもらおう」と。「うん、診てもらうね」と私。

それでもまだ不安で部屋で一人で泣いていたら、今度は息子がドアをバーンと開けて入ってきて、「そんなことで泣いてんじゃねーよ！　もし病気なんだったら戦えばいいじゃねーか！　戦って勝ってるヤツはいっぱいいるんだよ。戦いもしないで泣いてんじゃねーー！」と。息子なりの精いっぱいの言葉に、ハッとさせられました。

「そうだよね。まだ戦ってない、ごめん……」

ちょっと冷静になった私は、病院に連絡。すると、すぐに精密検査の日が決まりました。その日とは、息子の中学の卒業式の日。

卒業式を終えた午後に、診てもらうことになりました。

迎えた当日、入り口で式次第とともに、息子からの手紙を手渡されました。
卒業式がはじまるまでの間にそれを読んでみると。

「母へ。とりあえず中学校を無事に卒業できました。楽しいこと、悪いこと、いろいろな経験をしたけど、そんな俺といちばんに向かい合ってくれたのがママでした。俺の顔色が悪いとき、何か悪いことをしたとき、すべてママに見抜かれていたね。うざいぐらいに知っていたよね。でも、逆にそうやってくれたから、無事に卒業できたと思うよ。俺が家出しそうになったときも決して怒らずに帰るまで待ってくれたよね。ママに向かって、たくさん『死ね！』とかいっちゃたけど、俺が甲子園で活躍して、プロに入るまでは絶対生きててくれよ。応援してくれよ。俺が行くって決めたんだから必ずやり通すよ。ここからもっと険しい道のりになると思うけど、俺は恩返しできるようにがんばるわ！　プロ野球選手になることはもちろんあきらめないけど、俺にはもうひとつ夢があるんだ。
大人になったらママといっしょにお酒を飲むことだよ(^^)」

涙があふれました……。子育てと仕事の両立は本当に大変で、特に、息子が中学に入ってからは自分の体調不良もあったし、なるべくそばで子どもを支えたいという思いもあって仕事は減らしてきました。そんな私に息子は反抗して、ぶつかり合ってもきたけれど、こんなふうに思っていてくれたなんて。そして、普段、口にしない夢を語ってくれたことも、うれしかった。卒業式の間じゅう、私は泣き続けていました。

息子はきっと、「泣いてんじゃねーよ！」と笑っていたことでしょう。

卒業式を終え、病院へと向かいました。いろんな精密検査をしていただいた結果、急を要するという事態ではありませんでした。

ひとまず、ホッとしました。

それから数日後、息子は大勢の地元の友だちに見送られて、三〇〇キロ以上離れた土地へと旅立っていきました。もう、私はそばで支えることはできません。

でも、親離れ、子離れのいい機会だと思うことにしました。

あれから一年……。

息子は野球の世界で必死に戦っています。
あのとき、もう息子の高校野球は見られないのかなと思ったけれど、今も少年野球の選手たちを追いかけ、彼らの励みになるような記事を細々と書きながら、息子のことも遠くから見守ることができています。
生きていられることが、幸せです。

ときどき思うんです。もしかしたら、神様が「あなたには、まだまだやることがいっぱいあるんだから、生きていなさい」と与えてくれた命かもしれないなって。
だから、〝物書き〟という立場としても、〝母〟としての立場としても、足を運べるところには足を運び、見られるものは精いっぱい見て、自分が伝えられることはきちんと伝えていこうと。息子のことも、もちろん娘のことも、しっかり見守っていこうって。

そして……息子が二〇歳になったとき、いっしょに酒を飲みかわしたい。

それが私の夢にもなっています。

「あのときはこんなことでメソメソ泣いてたよね」

「ほんとだよ、ビービー泣きやがって」

そんな笑い話、思い出話をしたいなって思っています。

一〇年先も、二〇年先も、三〇年先も……息子や娘と飲みながら語り合える、そんな将来を頭に描きながら、これからも、今、自分にできることを精一杯やりながら生きていきたいと思います。

野球は不思議なものだ。人間は、野球がなくても生きていける。衣食住に比べれば、それほど重要ではない。

それにもかかわらず、日本には、野球にかかわって生きている人が本当に多い。この本の読者のなかにも、もし野球がなかったらまったく違う生き方になっていた、野球なしの人生など考えられない——という人も多いのではないだろうか。

この話の登場人物も、そのうちの一人だ。彼女の人生は、仕事も、結婚も、家族も、全部野球に関係ある。文字通り、野球なしの人生など考えられない。

ぼくは、そういう野球というものがこの世に存在したことに、とても感謝している。それは、ぼく自身もまた、野球によって人生を大きく変えられたうちの一人だからだ。ぼくも、野球なしの人生など考えられない。

そして、おそらくこの本を読んでくれているあなたも、そのうちの一人なのではないだろうか。野球なしの人生など考えられないから、この本を読んでくれているのではないだろうか。

おわりに

ぼくは、今年で四八歳になります。それは、高校三年生だったときから、ちょうど三〇年経ったということ。

「十年ひと昔」といいますから、三〇年といえば「三昔」。その間、大学に行き、仕事に就き、結婚し、子どもが生まれ、離婚し、また結婚し。仕事もいくつか変わりました。

そんなふうに、三〇年もの彼方《かなた》に過ぎ去ってしまったぼくの高校時代ですが、今でもときどき、同級生に会うことがあります。そして、彼らと会って思うのは、もう何十年も経っているにもかかわらず、その関係がまったく変わらない――ということ。会うと今でも、当時の口調になって、当時の話をしたりします。

これは本当に不思議なことです。長い歳月が経って、家族との関係や話し方も変化したし、職場での関係や話し方も変化しているのですが、なぜか高校時代の同級生との関係や話し方だけは、まるでタイムカプセルに保存したみたいに、いつまで経っても変わりません。

きっと、いつも会っているわけではないから、なかなか変わらないのでしょうね。それでいながら、会うとすぐ昔の関係に戻れるのは、そのころの記憶というものが、何より鮮明だからだと思います。

そうなのです。高校時代というのは、小学校や中学校と違って、いろんなことを本当によく覚えている。きっと、多感な時代のど真ん中で、いろいろなことを感じ、また考えていたからなのでしょう。

ぼくは、高校時代にいろいろな夢をもっていました。そして、その夢に向かっていろいろと挑戦していました。

今ふり返ると、そのころにしていたことは、驚くほど失敗の連続でした。学校も私生活も、うまくいったことはほとんどありません。例外的に受験だけはうまくいきましたが、それ以外は思い出すと赤面の連続です。

でも、今になって思うと、そういう失敗の数々が、ぼくを育ててくれました。それは、受験に成功したこと以上に、今のぼくの血となり肉となっているのです。今から考えると、それは本当に「有り難い」ことでした。

最後に、この本に登場したすべての方々、この本を読んでくださったすべての方々、そして、この本づくりにかかわられたすべての方々に、こういわせていただきます。

「有り難うございます」

岩崎夏海

取材・文　瀬川ふみ子、小平陸、高木遊、高橋昌江
カバー・本文デザイン　井上新八
カバーイラスト　シタラマサコ
本文イラスト　ヒラノトシユキ
編集協力　大西華子
校正　矢島規男
DTP　三協美術
編集担当　江波戸裕子、戸田雄己（以上、廣済堂出版）

Special Thanks
浅見健人、石黒寛喜、稲毛田渉、内川優哉、大西勇気、岡部愛、金井貴之、河田達也、迫田百加、鮫島勇人、四條尚彦、清水昇、東京青山リトルシニア、濱岡健士、堀耕史朗、水野谷瀬里、宮間豊樹、野球太郎編集部、吉田圭佑（五十音順）ホームラン編集部

〔監修者〕
プロフィール
岩崎　夏海（いわさき・なつみ）
1968年生まれ。東京都日野市出身。東京藝術大学建築科卒。大学卒業後、作詞家の秋元康氏に師事。放送作家として『とんねるずのみなさんのおかげです』『ダウンタウンのごっつええ感じ』等、テレビ番組の制作に参加。その後、アイドルグループAKB48のプロデュースなどにも携わる。2009年12月、初めての作品となる『もし高校野球の女子マネージャーがドラッカーの「マネジメント」を読んだら』（ダイヤモンド社）を著す。近著に、『エースの系譜』（講談社）や、自身が代表を務める「部屋を考える会」著『部屋を活かせば人生が変わる』（夜間飛行）、「もしドラ」続編の『もし高校野球の女子マネージャーがドラッカーの「イノベーションと企業家精神」を読んだら』（ダイヤモンド社）などがある。また、ビジネス、マネジメント、マーケティング、クリエイティブのテーマについて毎日コラムを執筆中。
「ハックルベリーに会いに行く」http://ch.nicovideo.jp/channel/huckleberry

ここで負けてしまってごめんな
甲子園だけが高校野球ではない

2016年6月17日　第1版第1刷

監修者　岩崎夏海

発行者　後藤高志
発行所　株式会社廣済堂出版

〒104-0061 東京都中央区銀座3-7-6
電話 03-6703-0964（編集）
　　 03-6703-0962（販売）
FAX 03-6703-0963（販売）
振替 00180-0-164137
URL http://www.kosaido-pub.co.jp

印刷所
製本所　株式会社廣済堂

ISBN978-4-331-52026-0 C0095